Anett Renner – Die Seele zum Leuchten bringen



EDITION
INTEGRATIV

Anett Renner

# Die Seele zum Leuchten bringen

Wie du Krisen achtsam
und energievoll überstehen
und nutzen kannst – ein Praxisleitfaden für
die Systemische Achtsamkeit

2., überarbeitete und ergänzte
Auflage 2024

EDITION
INTEGRATIV

Bibliografische Information der Deutschen Nationalbibliothek
Die Deutsche Bibliothek verzeichnet diese Publikation in der Deutschen Nationalbibliografie; detaillierte bibliografische Daten sind im Internet über <http://dnb.ddb.de> abrufbar.


1. Auflage 2022
2., überarbeitete und ergänzte Auflage 2024


Herstellung und Verlag: Edition Integrativ | www.edition-integrativ.de
Layout und Satz: Edition Integrativ
Druck: BoD - Books on Demand Norderstedt
Lektorat: Susanne Schimmer | www.manuskriptwerkstatt.com
Umschlaggestaltung: Manfred Friebe
Illustrationen: Nathalie Bromberger

ISBN 978-3-949650-20-8

# Inhalt

# Einführung

# Vorwort von Andras Wienands

Ich kann und muss das Buch „Die Seele zum Leuchten bringen" von Anett Renner all jenen empfehlen, die sich selbst als „Schmetterlingsfänger*innen" bezeichnen würden. Da noch ein bisschen Verantwortung, dort noch ein bisschen Verantwortung und da hinten ist auch noch ein schöner Verantwortungs-Schmetterling. Und schwupps, alles in den Rucksack. Menschen, die burnoutgefährdet sind, sind in allererster Linie wundervolle Schmetterlingsfänger. Anett Renner gelingt es in ihrem Buch wie keiner Zweiten, die großen Variablen der Achtsamkeit, Entschleunigung, Ressourcenorientierung und Bedürfnisorientierung auf eine Weise ins Bewusstsein zu holen, die schon beim Lesen eine wohltuende und die Seele wärmende Wirkung hat. Und die Seele ist nicht doof! Will heißen, sie will in ihren Bedürfnissen abgeholt werden und rebelliert weiterhin mit Symptomen aller Art, sollte man sie nicht ernst nehmen. Anett Renner macht sich zu ihrer Anwältin. Einer Anwältin, die im Namen der Seele hilft anzunehmen, was häufig schon sehr lange gebraucht wird: Zeit, Achtsamkeit, Wertschätzung und Liebe. Ich wünsche dem/der Leser*in ein ähnlich heilsames Leseerlebnis wie mir selbst.

Mit den herzlichsten Grüßen,

*Dipl. Psych. Andras Wienands*

Leitung der Gesellschaft für Systemische Therapie und Beratung – Berlin

# Prolog

Dieses Buch ist das Ergebnis einer lichtdurchwirkten Reise durch die dunklen Phasen des Lebens. Es ist ein Zeitdokument, gespickt mit wahrhaftiger persönlicher Geschichte und psychologisch fundierten Erkenntnissen zum Wandel im Leben und zu seelischer Gesundheit – erwachsen zu einem kreativen Lebens- und Beziehungsgestaltungskonzept (SACHT). Es ist ein Versuch, den Kern des Menschlichen und seiner Leuchtkraft einzufangen.

Die Ideen im Buch sind eine Einladung für achtsame Selbstliebe, Beziehungsgestaltung oder Umweltbeachtung. Hoffentlich sind sie Lichtblicke in einer stressigen und von zunehmender Komplexität, von Krisen und Entmenschlichung geprägten Zeit.

Es soll dem Funkeln im Dunkeln, also der Ermunterung in Krisen dienen und enthält Hinweise, wie du das eigene Leuchtfeuerwerk (deine Kräfte) aktivieren kannst.

Da Krisen zum Menschsein gehören, gehört dieses Buch zur guten Krisenbewältigung. Im Ursprung ist es zunächst während einer großen persönlichen Krise entstanden und hat sich stetig weiterentwickelt durch mehrere uns alle betreffende Krisen. Die Inhalte des Buches haben bisher maßgeblich zum Überleben und zum gestärkten Hervorgehen aus schwierigen Situationen beigetragen, auch wenn sich das Manuskript zunächst im Unbewussten geschrieben hat. Wir stecken in einer der größten Krisen der Menschheit: Klimakrise und das grausame Artensterben, Kriege, Corona, Finanz-, Energiekrise und allerlei andere, auch persönliche Krisen. Bei der Auseinandersetzung mit diesem Thema bin ich auf die vielfältigen und zumeist uralten Erkenntnisse zur Leuchtkraft der Seele gestoßen.

Diese vielen Lichtblicke möchte ich mit dir teilen. Sie können sich – vermischt mit deinen Erfahrungen und Kompetenzen – zu einem bunt erstrahlenden, kraftvollen Mosaik fügen. Durch das kannst du schauen, wenn du es in besonders herausfordernden Momenten des Lebens brauchst.

# Wie du dieses Buch gebrauchen kannst

Um Krisen gut zu überstehen, brauchen wir ein funktionierendes Immunsystem. Man nennt das auch Ressourcen, also „Quellen", aus denen man schöpfen kann, wenn die bisherigen Vorräte erschöpft sind. Im Buch erfährst du etwas mehr über solche Quellen, insbesondere unsere menschlichen Leuchtkräfte und wie du sie bei dir und in deinem Umfeld suchen, (wieder) entdecken oder positiv beeinflussen kannst. Das Buch hilft dir, übrigens wie das schlaue Leben auch, in den „Spürmodus" zu kommen, das gehört ebenso zur Krisenkompetenz und Entwicklung.

Du musst dafür nicht in den Orient, auf den Himalaya oder nach Silicon Valley reisen. Du benötigst auch nicht unbedingt eine Yogamatte. Du brauchst nur dich und die Beachtung des aktuellen Lebens, das Stille und das Laute. Es handelt von uralten menschlichen Ressourcen, wie unserem Atmen, unseren Sinnen oder Gefühlen, den liebevollen Beziehungen, die uns tragen, oder von der Intelligenz von Symptomen oder Konflikten. Wir ergründen die Funktion von psychischen oder körperlichen Symptomen, die Wechselbeziehung von Seele und Körper. Das Buch soll dir in unsicheren Zeiten ein Gefühl von Sicherheit und Orientierung schenken, dich wärmen wie eine gute Tasse Tee oder ein warmer, weicher Schal. Es kann auch wie zart schmelzende Schokolade wirken, ohne dass es dick macht, oder wie ein Spaziergang an einem hellen, warmen Frühlingstag nach einem langen, harten Winter. Du kannst es nutzen wie eine Decke im Park mit Blick auf einen zauberhaften See. Es könnte dir zuhören und Trost spenden, wie eine gute Freundin; dich inspirieren und mit

Kräften in Verbindung bringen, von denen du noch keine Ahnung hast, dass sie in dir und um dich herum schlummern.

Das Buch ist in vier große Teile und zwölf Kapitel unterteilt. Es beginnt mit psychologischen Leuchtstoffen, die seelisches Wachstum erzeugen (to grow). Wir starten mit einem neuen Blick auf **Achtsamkeit** und leichte Wege dorthin. **Im ersten Teil** erfährst du Faszinierendes über die Leuchtkräfte von Glühwürmchen und die Vorteile des Schwarms. Ist für ein **achtsames Setting** gesorgt, lade ich dich ein, die Leuchtkräfte deines **Geistes**, die Macht der **inneren Bilder** sowie die Kraft der **Verbundenheit** kennenzulernen. Du entdeckst deinen **Körper, deine Gefühle und Sinne** als **Ressourcen** wieder und stärkst deinen **Selbstwert**.

Im **zweiten Teil** werden dann die Potenziale rund um die **Schattenseiten im Leben** beleuchtet, wie man **Konflikte, Brüche, Schicksal, Stress, Aggression** positiv nutzen kann. Wir beleuchten anhand wahrer Geschichten aus dem Leben, wie aufgrund von krisenhaften Situationen besondere Fähigkeiten entwickelt werden oder wie Strahlkraft entsteht. Ich erzähle dir inspirierende, rührende Beispiele aus der Praxis im Umgang mit Schicksal, Krankheit, Behinderung, Tod und Sterben, also über **Leuchtkräfte to grow and to glow** (Leuchten im Dunklen).

Der **dritte Teil** hält für dich **Leuchtstoffe to go** bereit, also zum Sofortumsetzen und zum Mitnehmen in den eigenen Lebensalltag.

Im **vierten und letzten Teil** findest du **Leuchtstoffe to flow** und bekommst eine Auswahl an Schätzen, bei denen Leucht- und Strahlkraft in vollem Umfang vorhanden scheint. Gemeint sind die **Natur** und **kreative Werke**, die wahrscheinlich im Flow entstanden sind und Flow-Erlebnisse bewirken. Unsere Welt ist voll davon. Und das Beste kommt zum Schluss: ein Feuerwerk für deine Seele und Sinne. Alle Trancen/Meditationen stehen auch online kostenfrei im gesprochenen Format zur Verfügung. Die Links findest du hinter jeder Übung.

Ich lade dich ein: Begib dich auf deine Entdeckungsreise zu deinen Kräften und Ressourcen in der Krise. Die Zeilen spiegeln auch eine Welt wider, die verloren geht, wenn wir es zulassen, die Welt der Sinne und Gefühle, die der Empathie, Präsenz und Verbundenheit.

Du kannst das Buch nutzen als Kaleidoskop, durch das du schauen kannst, um die bunte Vielfalt des Lebens wieder zu entdecken oder eben diese Lebensglut wieder zu entzünden, wenn sie zu erkalten droht.

Für eine gelingende Leuchtkraftentfaltung braucht es auch Offenheit, Kreativität und das Beachten von Vielfalt. Dies kann kaum vollumfänglich gelingen: Wichtig ist der Versuch.

*„Was für die Raupe das Ende der Welt ist, nennt der Rest der Welt Schmetterling."*

**Laotse**

Ich habe mich in erster Linie für das generische Maskulinum entschieden, weil es den Raum für alle Formen der Identitäten öffnet und weil das Tun im Vordergrund steht. Damit möchte ich dazu ermutigen, sowohl ins achtsame Wahrnehmen, Handeln und Verbinden zu kommen als auch unsere Unterschiede zu würdigen und zu integrieren. Gerade wenn Bedingungen sich ändern, sind die Vielfalt unserer Kompetenzen und Erfahrungen nicht nur ein Überlebensvorteil, sondern sie machen die Welt interessanter, spannender und bunter. Zusammen können wir nämlich nicht nur besser Probleme lösen als allein, sondern wir erfahren auch mehr Vergnügen und Erfüllung. (Probier mal aus, Dich allein zu kitzeln oder zu küssen.) Wir dürfen bei allen Unterschieden nicht aus den Augen und dem Sinn verlieren, was uns verbindet. Ich bin ein großer Freund vom Sowohl-als-auch, wie du später auch noch lesen wirst.

Wenn du in einer Krise steckst, mach dir Folgendes bewusst: Erleben und Verhalten werden in jedem Moment neu erzeugt. Du hast einen Einfluss darauf, was im Hier und Jetzt und in Zukunft geschieht. Haltung und Sprache schaffen neue Wirklichkeiten. Auch die dunkelste Stunde hat nur 60 Minuten. Lass uns mit kleinen Schritten beginnen.

*Anett*

Marienbad/Wiernsheim 2018–2021

# Leuchtkräfte to grow

# 1. Leuchtkraft:

## Achtsamkeit weiter gedacht

# Energiebilanz

Beginnen wir mit einer schönen wahren Geschichte aus der Natur, einer Geschichte über Glühwürmchen. Die Leuchtkäfer sind wahre Kompetenzträger für positive Energiebilanzen.

So findet man im WWF-Blog folgende Beschreibung dieser magischen Wesen: „Das Leben der Glühwürmchen ist ein Leben voller Glanz, Leidenschaft und romantischer Tragik. Jedes Jahr im Frühsommer schwärmen die kleinen, grünen Fackelträger auf der Suche nach einer Partnerin durch unsere Wälder. Glühwürmchen sind eigentlich gar keine Würmchen, sondern Käfer … Bei uns nennt man sie Glühwürmchen, weil das Weibchen an einen Wurm erinnert, oder Johanniswürmchen, weil sie um die Johannisnacht zur Sommersonnenwende besonders aktiv ausschwärmen … Das Leuchten wird durch die Zersetzung einer kompliziert gebauten Carbonsäure namens Luciferin durch das dazugehörige Enzym Luciferase erzeugt. … Dieser Prozess der selbstständigen Lichterzeugung wird auch Biolumineszenz genannt und ist ziemlich kompliziert. Interessant ist aber, dass der Glühwurm ein wahrer Meister der Energieeffizienz ist: Er wandelt chemische Energie nahezu verlustfrei in (kaltes) Licht um. Zum Vergleich: Eine Glühbirne macht aus elektrischer Energie nur zu etwa fünf Prozent Licht und zu 95 Prozent Wärme. Vom Glühwürmchen könnten wir in puncto Energieeffizienz viel lernen. Das Leuchten dient bei unseren heimischen Glühkäfern (vermutlich) schlicht dem Zweck der Partnersuche“ – also den lebenserhaltenden Dingen des Daseins. (WWF Blog, https://blog.wwf.de/gluehwuermchen)

„Sie lassen nichts anbrennen“, schreibt Gianna-Carina Grün in der ZEIT: „Glühwürmchen brauchen nur Luft und Liebe, riskieren für eine Liebesnacht den Tod und leuchten effizienter als jede Energiesparlampe. Sie leben, als gäbe es kein Morgen … Für Glühwürmchen ist ihre körpereigene Lampe lebenswichtig: Sex, Fressen, Nicht-gefressen-Werden – für all das nutzen Glühwürmchen ihr Strahlen. … Die kleinen Leuchtkäfer nutzen iede Nacht. als wäre es ihre letzte. Sie strahlen aus sich heraus mit voller Kraft und sind dabei auch noch romantisch: Denn ausgewachsene Käfer fressen nichts. Sie leben von Luft und Liebe. Und ihren Fettreserven. Bis das Licht ausgeht.“ (http://www.zeit.de/wissen/umwelt/2011-08/unterschaetztes-tier-gluehwuermchen)

Nun ja, Letzteres soll nicht maßgeblich für unser Buch sein. Aber was können wir von den Glühwürmchen lernen? Wäre es nicht schön, ohne großen Energieverlust die Herausforderungen des Lebens zu meistern? Was spricht dagegen, sich wohl und energievoll zu fühlen? Aus der Physik wissen wir: Energie geht nicht verloren. Im Alltag und im Laufe des Lebens erlebt jeder Mensch mal mehr oder weniger lange Phasen von Kraftlosigkeit und Erschöpfung. Die Energiebilanz rutscht ins Minus.

## SACHT-2Go-Selbstcoachingfragen:

Hier einige Fragen zum Selbstcoaching, angelehnt an den Qualitäten der Glühwürmchen:

- Wo und wann hast du für etwas oder jemanden „gebrannt", ohne auszubrennen?
- Wie bringst du dich und deine Umgebung zum Staunen?
- Wer oder was bringt deine Strahlkraft zum Vorschein?
- Wann hast du die Fackel deines Lebens übernommen, getragen oder abgegeben?
- Wann und wo hast du zum Beispiel getanzt, als gäbe es kein Morgen mehr?
- Wann hast du einen Tag oder eine Nacht so genutzt, als wäre es die letzte? Und vielleicht noch: Wann fängst du damit an?
- Wie sieht es mit deiner Energiebilanz gerade jetzt aus? Gibt es mehr Aufwand als Belohnung?
- Wie fühlt sich deine derzeitige Kraft an? Reden wir über Sparflammen, Energiesparleuchten oder lodernde Flammen?

Bitte bewerte deine Energiebilanz noch einmal, nachdem du das Buch gelesen hast.

# Ankommen bei sich selbst

Stell dir einen klaren, ruhigen See vor. Du kannst bis auf den Grund schauen. Plötzlich kommt ein kleiner Windstoß. Es bilden sich zarte Kräuselungen auf der Wasseroberfläche, und es entstehen sanfte Wellen. Du kannst nicht mehr so einfach hindurchschauen. Je mehr äußere und innere Bewegungen auf dem Wasser entstehen, desto trüber wird die Sicht Richtung Seegrund. So ähnlich ist es mit der Seele und dem Körper.

Wird man still, sieht man klar und bekommt einen besseren Zugang zu sich selbst, wird sich seiner selbst gewahr. Du kannst deinen Bedürfnissen und inneren Bewegungen lauschen. Klare Entscheidungen sind möglich. Es kommt zur Balance und Selbstregulation. Vieles arrangiert sich von selbst. Man braucht nicht einzugreifen. Es geschieht.

Stille zu finden in dieser lauten, bewegten, schnelllebigen Zeit, ist nicht einfach. Am besten findet man sie in der Natur, an einem See oder im Wald.

*„Finde auch in deinem Zuhause oder bei deiner Arbeit stillere Räume und achte auf sie.“*

Gesundheit und Gesundung sind immer ein Prozess der Balance. Wenn irgendetwas in deinem Inneren oder im Außen aus dem Gleichgewicht gerät, entstehen Störungen. Wenn du dich zum Beispiel nur einseitig ernährst, ist dein Körper auf Dauer unterversorgt. Wenn du nicht gut auf deine seelischen Bedürfnisse und deinen Körper hörst, muss sich beides lauter über Warnsignale äußern. Wenn du diese ignorierst, sogar ihre Schreie nicht beachtest, dann können sich Störungen auf seelischer und körperlicher Ebene manifestieren. Nicht ohne Grund steigen die psychosomatischen Phänomene in den letzten Jahren drastisch. Unser psychisches und somatisches System ist ziemlich intelligent. Man kann vereinfacht feststellen: Je größer das Ungleichgewicht ist, desto schwerwiegender äußern sich die Symptome, oft unerkannt und eingeordnet als rein körperliche Beschwerden, wie Haarausfall, Hautausschlag, Magen-Darm-Beschwerden, Kopf- und Rückenschmerzen, Bluthochdruck oder Herz-Kreislauf-Erkrankungen, Ernährungsunverträglichkeiten, Allergien etc. Sorge für eine gute Balance, für das Sowohl-als-auch.

In einer Zeit mit vielfältigen komplexen Aufgaben sind wir auch mit der permanenten Ablenkung von uns selbst oder vom Wesentlichen konfrontiert. Aufmerksamkeit sich selbst, seinen eigenen Bedürfnissen und anderen gegenüber ist zum raren Gut geworden. Gerade in Pandemiezeiten, wo Konflikte und Unausgewogenes wie durch eine Lupe klarer zum Vorschein kommen, kann das wieder zur Chance werden. Die Zeit bringt Einladungen zur Selbsterkenntnis und neue Wege zur Verbundenheit mit sich.

Achte unbedingt in unserer reizüberfluteten Welt auf tägliche Stilleräume. Mit der Stille kommt die Bewusstheit, die Erkenntnis, die Verbindung zu den stillen Schätzen und Ressourcen. Stille ermöglicht Achtsamkeit. Beide sind Schlüssel für die innere Öffnung der Tore zur Zufriedenheit. Achtsamkeit ist ein Prozess des Eintauchens und Entdeckens der eigenen Seelenbewegung. Sie ermöglicht Distanz zum Geschehen und positive Perspektivwechsel. Mit ihrer Hilfe erhältst du Zugang zu den Gefühlen und deren Regulation, die Möglichkeit zum Finden des inneren Friedens. Versuche dein Verhalten zu ändern, indem du weniger Lärm produzierst. Das kann für dich, andere und die Wesen um uns herum wohltuend sein. So können wir uns gegenseitig im Weniger wahrhaftig bereichern.

## Ein paar Worte zu den Übungen

Ich habe für dich verschiedene Übungen zur systemischen Achtsamkeit vorbereitet. Dabei handelt es sich um mentale, kommunikative und/oder körperliche Übungen, die dich zu deiner Mitte und deinen Ressourcen führen. Der Begriff „2SACHT" bedeutet „leichte genussvolle Wege hin zur Systemischen Achtsamkeit" „to SACHT". Diese dauern i.d.R. nur zwei bis zehn Minuten (engl. „two", eine andere Merkhilfe für dich). Die SACHT2Go-Übungen sind Angebote, die du in der stillen oder schriftlichen Reflexion, in der Bewegung und manchmal auch im Gespräch mit einer vertrauten Person anwenden kannst, für die du mehr Zeit und Raum sowie eine gewisse Präsenz einplanen solltest.

# Die 2SACHT-Achtsamkeitsübung

Die Seele kann besser abseits von Druck und Hetze genesen. Finde einen ruhigen und angenehmen Platz für dich, um ungefähr fünf bis zehn Minuten eine schöne und intensive achtsame Zeit mit dir zu verbringen. Achte darauf, dass du nicht gestört wirst.

Nimm bequem Platz oder lege dich auf eine angenehme Unterlage, sodass dein Körper sich gut ausruhen kann. Atme dreimal tief ein und aus und überlasse dich deinem Atemrhythmus, der von ganz allein kommt und geht. Nimm den Platz und die Umgebung um dich herum bewusst und mit ihren Einzelheiten wahr. Lass deine Gedanken ziehen. Was siehst du, hörst du, riechst du, fühlst du?

Lenke dann deine Aufmerksamkeit wieder auf deine Atmung, wie sie dich bewegt. Vielleicht schließen sich jetzt deine Augen. ... Verfolge den Weg deiner Atmung durch deinen Körper. Achte auf die Atempause, die zwischen dem Aus- und Einatmen da ist.

Versuche deinen Atem nicht zu steuern, einfach nur zu beachten und kommen und gehen zu lassen. Das ist ein Geschenk deines Lebens. Der Atem kommt und geht, und in einer Atempause kann neuer Raum entstehen.

Während ein Teil von dir weiterhin die Umgebung wahrnimmt, rücken die äußeren Reize mehr und mehr in den Hintergrund ... deine Unterlage ist bequem und trägt dich gut ... nichts stört dich mehr. Alles Störende kannst du verblassen und ziehen lassen.

Du beginnst, deine Aufmerksamkeit vertiefend nach innen zu richten. Denk an den Weg, den du bis zu diesem Ort hier zurückgelegt hast. Wie hast du dich bewegt: schnell oder langsam? Was hast du gesehen? Finde fünf Dinge, die du gesehen hast. Wie hell, warm oder kalt war es? Was hast du berührt, wie hat sich das angefühlt? Versuche alles zu verlangsamen und die Details bewusster wahrzunehmen. Falls andere Gedanken kommen, lass sie ziehen wie die Wolken an einem Frühlingshimmel.

Du genießt diese Pause. Deine Atmung trägt dich. In der Pause entsteht Raum. Ein. Aus. Pause.

Irgendwann lenkst du deine Aufmerksamkeit wieder zurück auf deinen Atem, der sich jetzt vertieft. Du schenkst dir drei bis vier tiefe Atemzüge, die dich erfrischen und deinen Körper wieder vitalisieren. Du bewegst langsam deine Hände und Füße, öffnest die Augen, atmest tief durch und freust dich an dem Moment.

Anhören: www.sacht-institut.de/2sacht-koerper1.html

Im Kapitel 2 werde ich ausführlicher auf sogenannte „Atempausen“ eingehen.

Sie sind in jeder Atembewegung enthalten und ermöglichen als „Zwischenräume und Übergänge“ Abschluss und Neubeginn. Die Pause oder Stille zuvor oder dazwischen macht Musik zum Beispiel erst zu einem betörenden Erlebnis.

*„Suche täglich die Stille*
*und lass dich von ihr beschenken.“*

# Warum Achtsamkeit?

Noch einmal: Wenn man auf die Warnsignale von Seele und Körper nicht hört, sprechen sie über die Symptome eine deutlichere Sprache. Das kann individuell, in der sozialen Beziehung und/oder gesellschaftlich spürbar werden. Achtsamkeit ist nachgewiesen ein Weg, um sich dieser Dinge bewusster zu werden und ein Verständnis bzw. neue Ideen zur Besserung zu entwickeln. Mit ihr kannst du Seele und Körper wieder in Einklang bringen.

Achtsamkeit ist so alt wie die Menschheit und vielleicht in diesen Zeiten ein kollektives menschliches Grundbedürfnis. Im Umgang mit dem Kontrollverlust, den Ungewissheiten mit sich bringen, oder im Umgang mit Komplexität und Wandel ist sie sehr hilfreich und mittlerweile zum Trend geworden. Sie wird oft gesucht im fernen

Asien oder in kommerziellen Angeboten der Wellness- und Gesundheitsindustrie.

Sie wird oft gefunden mithilfe von Stille, in der Natur oder auf der Yogamatte als Unterbrechung im stressigen Alltag. Einige denken, dass es sich bei Achtsamkeit um heiliges Wissen handle und sie vielleicht nur erleuchteten Menschen oder Gurus widerfahren könne. Viele Menschen wissen: Das ist nicht so. Achtsamkeit gehört zu uns allen und kann uns allen dienen. Sie ist wie ein erfahrener Kellner, der genau im richtigen Moment auftaucht und weiß, was benötigt wird. So wie die Natur. Genau. Achtsamkeit ist natürlich. Schwierigkeiten können wir eher meistern, wenn wir in unserer Mitte sind. Meditation ist ein Weg (und nicht der einzige Weg), der zur Achtsamkeit führt. Der Begriff kommt aus dem Griechischen (medomai) und aus dem Lateinischen (meditari), was so viel heißt, wie: in sich gehen, sich besinnen, sich vorbereiten. Mithilfe von Achtsamkeit und Meditation hast du einen Weg, um mindestens sechs Dinge zu erreichen:

- das Hier und Jetzt in seiner gesunden Fülle spüren und erfahren
- dich von Belastungen und Störungen distanzieren
- eine Verbindung zu deinen inneren Seelenbewegungen (Bedürfnisse, Gefühle, Visionen etc.) und Ressourcen herstellen
- etwas Gutes für dich und deine Gesundheit tun
- etwas Gutes für andere und dein Umfeld tun, das heißt die Voraussetzung für achtsame Kommunikation schaffen (mit sich selbst gut in Kontakt zu sein, heißt oft auch, mit anderen gut in Kontakt zu sein)
- gegebenenfalls in einen Zustand der tiefen Glückseligkeit und Transzendenz zu gelangen (aus der Philosophie: „das Überschreiten der erfahrbaren bewussten Welt“)

Wenn der Geist in Ruhe nach innen wandert, führt das meist zur Harmonie und Gelassenheit, mit günstigen Folgeerscheinungen für den Körper und die Seele. Während der Achtsamkeitspraxis und

Meditation kann sich die Atemfrequenz beruhigen, der Herzschlag verlangsamt sich, und der gesamte Sauerstoffwechsel wird herabgesetzt. Das ist Entlastung und Regeneration für den Organismus und für den Geist. Körper und Gehirn werden besser durchblutet, sodass dein Geist wacher, klarer und flexibler wird. Der Hormonstoffwechsel, das Immunsystem und die Emotionsregulation werden günstig beeinflusst. Die Stimmung hellt auf. Manche sagen, dass durch Meditation die „Herzensweisheit" vergrößert wird.

Meditativ wirken auch körperliche Aktivitäten, wie Spazieren im Wald, Schwimmen, Joggen, Yoga oder Tanzen, Fasten, der Genuss und das Praktizieren von Kunst und Musik oder das Erleben von erfüllender Beziehung.

Zu lernen, sich gut zu entspannen und sich mit sich selbst zu verbinden, ist rundum empfehlenswert. Denk an den klaren See. Beherrscht du die Selbstkontrolle und die Fähigkeit zur tiefen Entspannung oder zur Bewusstseinserweiterung, ist es nicht nur gesund, sondern auch sehr bereichernd für dich und dein Umfeld.

Andererseits finde ich es schwer und zum Teil ungünstig, Achtsamkeit ausschließlich im Stillen oder im (sozialen) Abstand zu praktizieren. Mein Leben ist wie dein Leben auch lebendig, oft laut, die Umgebung teilweise reizüberströmt und zu verschmutzt, der eigene Fokus zu abgelenkt im Schnellen und im Außen. In unseren Breiten ist es weder leicht noch immer praktikabel – nicht für dich selbst und nicht für dein Umfeld – den Fokus meditativ gechillt nach innen zu richten. Hier gehört die Achtsamkeit doch auch hin oder nicht?

Ich finde, wir sind uns selbst unsere besten Gurus, idealerweise nicht im Ego-Modus, sondern in Verbindung und in unseren Kontexten als soziale sinnliche Wesen. Auch an der Bushaltestelle, im Straßenverkehr, im Klassenraum, im Büro oder im virtuellen Raum, da, wo es laut und dreckig ist, wenn es heiß hergeht, zum Beispiel wenn Wut und Aggression hochkochen, brauchen wir die Achtsamkeit.

Daraus ist die SACHT-Methode entstanden, die Systemische Achtsamkeit, die eigentlich keine Methode ist, sondern vielmehr eine Haltung mit praktischem Handwerkszeug für das herausfordernde, stressige, schöne Leben.

# Paradoxien und Resonanz

Wir leben in einer Welt des permanenten Beschleunigungszwangs, der immer wachsenden Ansprüche und des schnellen Wandels. Sie ist voller Widersprüche und paradoxer Phänomene. Hier ein paar Beispiele: Wollten wir mithilfe der technischen Entwicklung Freiräume und Erleichterungen schaffen, erleben wir uns im Alltag hektisch getrieben. Viele Menschen sind körperlich entlastet, fühlen sich jedoch psychisch und körperlich gestresst. In einer flexiblen Arbeitswelt mit hohem Freizeitanspruch sind nicht nur örtliche, sondern auch zeitliche und persönliche Grenzen aufgehoben. Man gönnt sich kaum noch Pausen, wohltuende Distanz oder ausreichend Zeit für Regeneration. Wir streben nach Work-Life-Balance, haben jedoch oft das Gefühl des Nichtgelingens und Getriebenseins. Mithilfe des Internets können wir in Sekundenschnelle auf das große Wissen der Menschheit zugreifen oder weltweit Kommunikation ermöglichen. Auf der anderen Seite fühlen wir uns oft unwissend und einsam wie wahrscheinlich nie zuvor. Die ständige Verfügbarkeit hat uns unverfügbar gemacht. Hat die Menschheit seit der industriellen Revolution, insbesondere in den letzten 70 Jahren, in unbekannten Ausmaß in Bezug auf die gesamte Zivilisationsgeschichte derart viel Wohlstand, Erkenntnis, Demokratie und Ressourcen geschaffen, so hat sie die Ressourcen auch überdimensional verbraucht, zum Teil unwiederbringlich (Artensterben, Umwelt- und Klimakrisen).

*„Der positive Perspektivwechsel lenkt den Fokus wieder auf Ressourcen und die Möglichkeitsspielräume."*

Die Natur erkrankt, soziale Beziehungen verarmen. Die Einsamkeits-, Angst-, Depressions- und Gewaltphänomene steigen dramatisch, besonders in Pandemiezeiten. Fortschritt und Wohlstand fordern ihren Tribut. Wir befinden uns auf einer Treibjagd nach Ressourcen. Fülle auf der einen Seite erzeugt einen Mangel an anderer Stelle. Wir kommen nicht darum herum, systemisch, also in Aus- und Wechselwirkungen, zu denken und zu handeln. Das Systemische betrachtet das Ganze, umfasst auch das Sowohl-als auch und verbindet damit scheinbare Gegensätze in einer konstruktiven Art und Weise.

In lauter Hektik hat man oft einen Tunnelblick und verfällt häufig in eine Art „Problem-Trance". Stille-Räume, wie oben beschrieben, sind essenziell, um dieser Art von Herausforderungen zu begegnen. Sie dienen nicht nur der Entschleunigung, sondern auch dem Lauschen von feinen Schwingungen. Der Weg wird frei für das Wiederentdecken möglicher Lösungswege und Kraftquellen.

## SACHT-2Go-Selbstcoachingfragen:

Frage dich in deinen Atempausen öfter und lausche:

- Wie geht es dir im Moment?
- Wo und wie fühlt sich die Umgebung gerade an?
- Wie geht es deiner Atmung?
- Wie geht es deinen Körper, deinen Bauch, deinen Füßen etc.?
- Welches Bedürfnis zeigt sich in dir?
- Welche Auswirkungen haben deine Gedanken?
- ... deine Gefühle?
- ... hat dein Verhalten auf dich, auf dein Umfeld?
- ... und zwar kurz-, mittel-, langfristig?
- Wohin soll die Reise gehen?
- Wozu lohnt es sich zu handeln?
- Wo und wie findest du Sinn und wie erlebst du Sinnhaftigkeit?

„Die Antwort auf Beschleunigung ist nicht nur Entschleunigung, sondern Resonanz“, schlägt Hartmut Rosa[1], ein Soziologieprofessor von der Universität Jena, vor. Er forscht zum Thema „Resonanz“ und hat interessante Ideen und Ergebnisse für Mensch und Gesellschaft gefunden. Die Frage nach einem gelingenden Leben macht er unter anderem an stimmigen (resonanten) wertschätzenden Beziehungen zu sich selbst, zu den Menschen, zur Natur und Aufgaben fest. Die Bezogenheit, das Bezogensein, ist dabei eine wichtige Qualität. Jene Haltung macht auch das systemische Denken aus. Lass uns beginnen, eine neue, passendere Brille für die heutigen und zukünftigen Herausforderungen aufzusetzen. Resonanzorientierung und

1 Hartmut Rosa: Resonanz – eine Soziologie der Weltbeziehung. Suhrkamp; 2016

eine systemische Haltung bedeutet, sich auf einen ergebnisoffenen Prozess einzulassen. Das heißt, das Nichtwissen in Kauf zu nehmen oder auch das Gefühl, nicht die volle Kontrolle zu haben und für andere Anker zu sorgen. Man kann nur eine gelingende Beziehung zu einem Menschen oder einer Sache erlangen, wenn wir diese nicht völlig unterworfen haben. Vollständige Verfügbarkeit macht Resonanz unmöglich, behauptet Rosa[2]. Also dürfen wir auch etwas dafür tun, um nur „halb verfügbar" zu sein, uns überraschen zu lassen und uns zu öffnen, auch für das Positive.

# Was ist Systemische Achtsamkeit – SACHT®?

Systemische Achtsamkeit (SACHT) wurde 2014 von mir als Begriff und Konzept auf die Welt gebracht und vielfältig in der Praxis erprobt. Darin sind psychologische und persönliche Erfahrungen aus über 20 Jahren Berufspraxis enthalten. Systemische Achtsamkeit vereint den Achtsamkeits- und Resonanzansatz und enthält ganz konkrete, praktikable Hinweise für den stressigen Lebens- und Krisenalltag. SACHT fördert das Ankommen im Moment und das Verbinden mit den vielfältigen Ressourcen in dir selbst und deinem Umfeld. Der Ansatz geht über das stille Spüren und Meditieren hinaus und bezieht die komplexen, dynamischen Beziehungsbewegungen mit ein. Sie betrifft:

- das Achten deiner Sinne, Bedürfnisse, deiner Gefühle, deiner Fähigkeiten, Talente und Visionen,
- das Achten des sozialen Miteinanders und Kontextes, das Fördern von Vertrauen und konstruktiven Gestaltungsmöglichkeiten,

2 Hartmut Rosa: Unverfügbarkeit. Residenz; 2018

- das Gestalten und Nutzen von Gefühlen und Konflikten für neue konstruktive Lösungen und Innovationen.

Mithilfe von Systemischer Achtsamkeit wird Resonanz erhöht, indem ganz praktisch konstruktive Haltungen und Verhalten für Beziehungsgestaltung gefördert werden. Mithilfe von Systemischer Achtsamkeit erhält man einfach umsetzbare Hinweise für den konstruktiven Umgang mit Dilemmata und Konflikten. Sie dient dazu, ganz in Kontakt mit dem Moment und vielerlei Ressourcen zu kommen sowie Potenziale wach zu küssen. Gleichzeitig gelingt es mit SACHT, eine gesunde nützliche Distanz zum Geschehen zu bekommen – zugunsten sinniger, stimmiger, konstruktiver Lösungen. SACHT kann ganz einfach sein und ganz tief gehen. Sie verbindet die Geschichte und das Generationenwissen oder Visionen mit dem Hier und Jetzt. Sie baut Brücken zwischen deinem Körper, deiner Seele, deinem Geist und deiner unbewussten Erfahrungswelt oder zu der Welt um dich herum. SACHT ist ein lebenspraktischer Ansatz für unsere Zeit, die Seele wieder leuchtend zu erleben – ganz analog und einfach.

Das Konzept enthält eine sogenannte Ressourcen-ACHT. Es handelt sich um eine Metapher für stressbezogene und kommunikative Phänomene. Bildlich gesehen ist es eine liegende Acht, eine Art „Brille", durch die man anders auf die Phänomene schauen kann. Die Ressourcen-Acht lernst du später im Kapitel „Leuchtkraft Gefühle" nochmals näher kennen. Hier schon mal vorweg: Das Modell schenkt dir eine Orientierung für komplexe Stress- und Gefühlsphänomene und bedient sich einer verständlichen Sprache.

Nicht nur das Symbol der Acht, auch die Sprache wird ressourcenstärkend nutzbar gemacht. Damit gelingt es, besser zu verstehen, was Konstruktives vom Destruktiven unterscheidet. Man kann mithilfe des Modells zerstörerische Phänomene klarer erkennen, um ihnen vorzubeugen und sie zu wandeln. Gewalt wird gestoppt.

Dann enthält das Konzept nützliche Werkzeuge und Haltungsprinzipien im Umgang mit den heutigen und zukünftigen Herausforderungen. Diese Tools sind positive Sprüche, Methoden, die zum größeren Bewusstsein, zu konstruktiven Perspektivwechseln und Handlungen führen können.

In SACHT geht es um die Entwicklung von persönlichen und sozialen Ressourcen und Haltungen, die helfen, das Leben gesund und konstruktiv zu gestalten. Damit eben nichts kaputt geht und beispielsweise Krisen nicht die Elefanten im Porzellanladen, sondern „Aufmerkversuche" und „Entwicklungshelfer" sind.

Der Fokus verlagert sich mithilfe von SACHT sowohl auf die Sinne und Gefühle, die Sprache für Bedürfnisse sind, als auch auf das, was zwischen uns passiert. Wir erleben und erzeugen damit Resonanz.

Ich möchte nochmals betonen: Diese positiven Zustände haben einen messbaren Einfluss auf unseren Körper, unser Miteinander und unser Immunsystem, auch das soziale. Nicht nur Stoffwechselvorgänge funktionieren besser oder Entzündungsprozesse werden reduziert. Gesunde Beziehungen machen glücklicher und Gewaltfreiheit ermöglicht Win-win-Konstellationen, die auch für unser Enkelkinder die Welt noch lebenswert machen. In einem konstruktiven Miteinander lassen sich gemeinschaftlich kreativ Probleme lösen, wozu wir allein nicht in der Lage sind, inklusive Umweltbeachtung.

Übrigens: Altern hängt nach neuesten wissenschaftlichen Erkenntnissen auch mit der Zunahme von Entzündungsproteinen im Körper zusammen. Also, wenn du mit den Schwingungen des Lebens in Resonanz gehst, einen konstruktiven Umgang mit Herausforderungen pflegst, dich, deine Bedürfnisse, deinen Körper und deine Seele ernst nimmst, sie lesen und verstehen kannst und deine Beziehungen und das Umfeld gesund gestaltest, dann ist das sehr günstig für ein langes und schönes Leben. Wie genau? Vielleicht magst du weiterlesen und damit jetzt anfangen.

## Systemisch achtsam meint:

Die Achtsamkeit im Stillen und im Lauten, allein oder zusammen, achtsame Kommunikation, denken und handeln in Wechselwirkungen, Beziehungen, Ich, andere und der Kontext (die Umwelt), nicht nur das Jetzt, auch die Vergangenheit zu würdigen und sinnvolle Zukunftsvisionen zuzulassen, Vertrauen und Sinn zu stiften, statt Angst zu schüren, Gemeinschaft zu pflegen, auf Ressourcen zu fokussieren, Unterschiede von Verhalten und Gefühlen wahrzunehmen und zu gestalten, eine achtsame und konstruktive Haltung einnehmen, auf Auswirkungen von Haltungen und Verhalten zu achten, Problemlösungen zu suchen, Gefühle zu leben und zu gestalten, positive und negative Gefühle zu achten, Ja zu Konflikten und Fehlern zu sagen, sie als Entwicklungshelfer zu verstehen und anerkennen zu lernen, zu akzeptieren, was man nicht ändern kann, und die eigenen Gestaltungsmöglichkeiten zu erweitern. Wichtige Leitsätze sind zum Beispiel: „Würdigung und das Schöne haben Vorrang, die Verbindung und das Beachten zählen.“ „Keiner geht verloren.“ „Danke Fehler.“ „Ein Schimmer (Konstruktives) geht immer.“

# Achtsame Kontextgestaltung

Bei einem Coaching in einer Klinik hat eine Fachkraft berichtet, dass sie ein Faible für schöne Dinge und Ästhetik habe. Sie gestalte seit ihrer Jugend ihre Räume schön und lege großen Wert darauf, sich mit kleinen, schönen Dingen zu umgeben. Diese Fähigkeit und wichtige Ressourcenquelle hat sie jedoch seit über 20 Jahren an ihrem Klinikarbeitsplatz nicht verwirklicht. Zugegeben, in Räumen mit hohen Funktions- und Hygieneanforderungen kann man sich nicht seiner ästhetischen Kreativität hingeben. Aber in Räumen, die therapeutische Zwecke haben und wo man 40 Arbeitswochenstunden seines Lebens verbringt, sollte unbedingt Platz sein für Farben, Klänge und Dinge, die einen selbst und andere erfreuen. Diese Erkenntnis, vielmehr Erlaubnis hat dazu geführt, dass sie in Abstimmung mit der Leitung und des Teams erst ihren Raum für sich angenehmer und liebevoller gestaltet hat, später gemeinsam mit den anderen die gesamte Station. Heute gibt es Blumen, Bilder, farbige Kissen, lichtvolle bequeme Sitzecken und sogar ein Aquarium, um das sich alle aufmerksam kümmern. Fische zu beobachten – sei es nur für ein paar Sekunden – kann sehr entspannend sein.

Die Räume, die wir gestalten, drücken auch unsere Seelenzustände aus und wirken umgekehrt auf sie zurück. In einer Zeit der Funktionalisierung und Technisierung bleibt das Menschliche leider oft auf der Strecke. Wollen wir uns in den kastigen, grauen Architekturen von heute gerne aufhalten oder diese in 50 Jahren noch gerne anschauen? Ich bin mir nicht sicher. Es gibt Hoffnung, da es auch weltweit bereits Ideen und Projekte gibt, die ökologisch-nachhaltige, finanziell und sozial verträgliche sowie ästhetische Aspekte vereinen[3].

*„SACHT achtsamer werden."*

Die Natur bekommt das ganz natürlich hin. Natur ist wohltuend. Lässt man sie in Ruhe, erobert sie sich ihren Raum in ausbalancierter Weise zurück.

Wir wirken auf den Kontext ein, und der Kontext wirkt auf uns. Sei es, dass Unternehmenszentralen wie Kathedralen gebaut sind oder Krankenhäuser wie Unternehmen. Denk an die öffentlichen Stätten in deiner Umgebung, denk an dein Zuhause? … und spüre nach. Denk an das weite Meer, den weißen Strand, den stillen See, den aromastarken Wald, den sanften Berg oder den idyllischen Park? … und spüre nach. Begib dich dorthin und achte darauf, was es in dir auslöst? Tue, was dir gut tut. Was macht es mit deiner Atmung, deinen Augen, deinen Ohren, deinen Sinnen, deiner An- oder Entspannung im Körper?

Zur achtsamen Kontextgestaltung gehört auch ein gesundes Maß an Sicherheit und Orientierung.

3 Futurium Berlin (https://futurium.de/de/ausstellung)

# Sicherheit und Orientierung

Welche Wirkung haben schöne Orte auf dich, wo du fern von Druck und Leistung bist? Erinnerst du dich an einen Ort, an dem du dich wohl und sicher gefühlt hast, an dem du besser zu dir selbst gefunden hast, dich frei und leicht gefühlt hast? Lass mich ein paar Gedanken zur Sicherheit mit dir teilen.

„Die Sicherheit" gibt es nicht und kann es nicht geben. Das ist sicher. 100%ige Unsicherheit demzufolge auch nicht. Sag dir: „Ein Teil von mir ist unsicher, ein anderer sicher. Ich achte auf ein angemessenes Verhältnis." Nichts ist beständiger als der Wandel. Ist der Wandel sicher? Nein, manchmal gehört zum Wandel auch der Stillstand. Das birgt Ungewissheit. Das Leben ist komplex. Es lebt sich leichter mit einem Sowohl-als-auch als mit einem Entweder oder. Sicherheit ist dennoch eines der wichtigsten Bedürfnisse von Menschen und Gesellschaften. Was wäre ein Raum ohne Mauern, ein Garten ohne Zaun zur Straße, ein Land ohne Grenzen? Grenzen haben einen Ausschluss und eine Verbindungsstelle in sich. Wir merken schon: Die Dinge haben mindestens zwei Seiten. Dient zum Beispiel die Mauer dem Aufzeigen einer Grenze oder dient sie als Schutzwall? Wo ist Licht, wo Schatten? Es ist immer eine Frage der Perspektive und der eigenen Realitätskonstruktion.

Wer, wenn nicht du selbst, kann sagen, was du brauchst, um dich sicher zu fühlen? Das hängt vom Kontext und von den eigenen Wahrnehmungen, Erfahrungen und inneren Seelenbewegungen ab. Wer, wenn nicht du selbst, kann für sichere Räume oder Grenzen sorgen? Da haben wir die Sicherheitskräfte eines Staates, die Regierung, die

Polizei etc. als Funktionsträger für Sicherheiten. Wenn Regime sich ändern, ändern sich auch die Sicherheitsregeln und Regelungen.

Sorge für dich und begib dich auf die verantwortungsvolle Reise zu deinen Sicherheitsbedürfnissen, die genährt sind aus deinen Erfahrungen. Dazu braucht es vor allem Mut, auch in die Vergangenheit zu blicken und zu reflektieren: Was hast du frühzeitig zu „Sicherheit" gelernt, zum Beispiel in deiner Herkunftsfamilie, in deinem Wohnort und in deinem Land? Wie erlebst du es heute und was brauchst du heute?

*„Wer, wenn nicht du selbst, kann sagen, was für dich sicher ist?"*

Sicherheit spürst du, wenn du die Kontrolle oder Vertrauen hast. Wenn Vertrauen fehlt, macht das oft nervös und traurig. Wenn die Kontrolle fehlt, kommt die Ungewissheit, was wir gerade in Pandemiezeiten oft erleben. Ungewissheit bedeutet Stress. Soldaten im Krieg berichteten im Nachhinein häufig, dass die Phasen des Wartens und Ausharrens meist psychisch deutlich belastender waren als der eigentliche Kampfeinsatz. Erst im Gefühl des Kontrollverlusts schaltet der Körper auf „Aktion" um. Stress wird durch Handlungen und Bewegung abgebaut, manchmal auch durch Aggression.

Eine weitere konstruktive Möglichkeit wäre, die Kontrolle bzw. den Kontrollverlust durch „Vertrauen" oder „Zuversicht" zu ersetzen: „Bisher sind viele Dinge gut gegangen. Fülle ich die Unsicherheiten mit Angst und Sorge und nehme somit auch Einfluss auf den Verlauf oder stifte ich Hoffnung, Vertrauen und säe gute Gefühle?"

Eng mit der Sicherheit ist auch ein Bedürfnis nach Gewissheit und Orientierung verbunden, das in Zeiten von Orientierungslosigkeit

# 2SACHT-Körperübung zum Ankern

Stell deine Füße schulterbreit parallel und nimm Kontakt zum Boden auf. Lass deine Knie locker (nicht durchgedrückt), damit du den Atemfluss gut durch deinen Körper spüren kannst. Wippe mit den Füßen kurz auf und nieder und spüre die ganze Fußfläche und deren Kontaktflächen zum Boden. Strecke deine Arme nach oben aus und atme gut ein und aus. Strecke deinen Körper. Lass den Atem fließen. Erfahre nun mit deinen Armen den Raum um dich herum, vorn und hinten, seitlich, oben und unten. Wenn es dir gefällt, dann stell dir deinen dich umgebenden Raum mit einer angenehmen, schützenden Farbe vor. Nimm nun deine Hände in Höhe des Bauchnabels und reibe sie aneinander.

Atme bewusst vier Mal ein und aus, vertiefe deinen Atem. Dann beug dich achtsam Wirbel für Wirbel nach vorn und führe deine Arme zu deinen Fußgelenken. Die Knie bleiben locker. Beim Runtergehen atmest du aus.

Du wartest auf das Einatmen und malst mit deinen Händen je einen einladenden Halbkreis von hinten nach vorn um deine Füße, sodass sich deine Hände in der Mitte unten wieder treffen. Du stellst dir vor, du würdest die gute Energie der Erde, ihren Halt und etwas von ihrer (Schwer-)Kraft einsammeln und führst sie mit den Händen, die eine Schale bilden, an den Vorderseiten deiner Beine nach oben bis zum Bauch und Becken.

Beim nächsten Ausatmen öffnen sich die Hände wieder und dein Oberkörper rollt sich Wirbel für Wirbel ab und sammelt neue Kraft und Stärke um deine Füße herum. Zurück zur Körpermitte und mit dem Einatmen bewegen sich die Hände mit deinem Oberkörper wieder zur Ausgangsposition.

Achte auf fließende Bewegungen und lass deinen Atem von selbst kommen und gehen. Wiederhole die Bewegungen vier bis sechs Mal und richte dich wieder gestärkt auf. Spüre die Verbundenheit zum Boden und die stützende Kraft der Füße, des Beckens und Kreuzbeins. Atme frei und öffne deinen Blick.

wächst. Oft sehnen sich Menschen dann nach starker Führung und mächtigen Entscheidern, die wieder Orientierung geben. Nicht ungefährlich, wie wir wissen. Zugeben, zu verzweifeln oder nichts zu tun, ist auch keine günstige Lösung in den meisten Fällen. Also suche nach Orientierung und hinterfrage sie. Gib Orientierung, wo es möglich ist, und hinterfrage dich. Stelle mehr Fragen, interessiere dich für die Hintergründe und Auswirkungen. Sammle Fakten, lies, schau, höre, beachte, denk um die Ecke, beweg deinen Kopf, deinen Körper und deine Gedanken. Bleib in deiner Haltung neugierig und eher unwissend, dafür suchend. So werden dir das Vertrauen begegnen und viele schöne Lösungen, von denen du im Vorhinein nie geglaubt hättest, dass es sie gibt.

## Sichere äußere und innere Orte

Um unsere Leuchtkräfte zu aktivieren, dürfen wir für äußere und innere sichere Orte sorgen. In der Tabelle findest du eine Übersicht über mögliche Sicherheitsspender, die du dir bewusst machen und erschließen kannst.

| Äußere (sichtbare) Sicherheitsspender | Innere Sicherheitsspender |
|---|---|
| Existenz, Leben | Wurzeln, Erfahrungen, Beziehungen, Erinnerungen |
| Körper | Eigener innerer sicherer Ort, Wohlfühlort |
| Lebensraum, Natur | Wahrnehmung, Sinne, Raum |
| Wohnort, -bereich | Innere körperliche und seelische Vorgänge |
| Materielles, Finanzen | Visionen, Wünsche, Träume |
| Soziales, Beziehungen | Werte, Haltungen, Lebenseinstellungen |
| Job, Tätigkeiten (Ehrenamt, Rollen etc.) | Glaube, Spiritualität |
| | Kompetenzen, Talente |

Stärke die Aspekte deines Sicherheitsgefühls im Außen und im Innen. Mache dir deine Erfahrungen dazu bewusst und kreiere dir deine Sicherheitsanker. Vielleicht versuchst du es mit der folgenden Übung:

Sorge für einen sicheren Ort, an dem du dich wohlfühlst. Spüre deinen Halt, deinen Rücken, deine Füße … deinen Atem … Vielleicht tauschst du dich auch mit einem guten befreundeten Menschen aus. Mach dir folgende Fragen bewusst:

## SACHT-2Go-Selbstcoachingfragen:

- Was verbindest du genau mit Sicherheit und Vertrauen? Mach dir mindestens drei innere und äußere **Sicherheiten/Gewissheiten** in deinem Leben bewusst.
- Wo findest du am ehesten das Gefühl von **Sicherheit** in deinem Körper? „Kopf-, Herz-, Brust-, Bauch-, Rücken- oder Beingegend?
- Erinnere dich immer wieder an diesen inneren Ort, der für Sicherheit steht.
- Wie sieht deine Sicherheit aus Sicht einer anderen Person aus? (Beobachterposition)

# Der sichere Ort – Achtsamkeitsübung

Auch wenn die Welt aus den Fugen gerät, kannst du deine mentale Stärke und deine Sinne nutzen und dich mit deinen Leuchtkräften verbinden. Erinnerst du dich an einen Ort, an dem du dich wohl und sicher gefühlt hast? Hast du Lust auf eine Reise zu diesem oder einem anderen sicheren und schönen Ort? Gönnst du dir in diesem oder einem späteren Moment eine Atempause, um dein System wieder an die gesunden Kräfte anzubinden? Eine Reise zu deinem sicheren, ganz persönlichen Ort in dir. Diesen kannst du jederzeit und an jedem Ort finden und auch in unsicheren Zeiten für dich wieder reaktivieren.

## 2SACHT-Achtsamkeitsübung „Sicherer Ort“

Finde einen ruhigen und angenehmen Platz für dich, um ungefähr 15-20 Minuten eine achtsame Zeit mit dir zu verbringen. Achte darauf, dass du nicht gestört wirst.

Nimm bequem Platz oder lege dich auf eine angenehme Unterlage, sodass dein Körper sich gut ausruhen kann. Atme dreimal tief ein und aus und überlass dich deinem Atemrhythmus, der von ganz allein kommt und geht. Nimm den Platz und die Umgebung um dich herum bewusst und mit ihren Einzelheiten wahr. Lass deine Gedanken ziehen. Was siehst du, hörst du, riechst du, fühlst du?

Lenke dann deine Aufmerksamkeit wieder auf deine Atmung, wie sie dich bewegt. Vielleicht schließen sich jetzt deine Augen ... Verfolge den Weg deiner Atmung durch deinen Körper. Achte auf die Atempause, die zwischen dem Aus- und Einatmen da ist.

Alles Störende bleibt draußen. Du machst dich bereit, auf eine innere Reise zu gehen. Eine Reise, die dir guttut und dir Kraft und Sicherheit schenkt. Ein Teil deiner Aufmerksamkeit bleibt gut mit dem Hier und Jetzt verbunden, nimmt wahr, lässt die Gedanken kommen und gehen, während ein anderer Teil in dir schon vor den Toren deiner Fantasie steht, die sich jetzt öffnen ... und eine wunderbare Landschaft offenbaren. Neben den Toren stehen magische wohlwollende Wächterinnen und Wächter, die Vertrauen, Zuversicht und Stärke ausstrahlen. Sie signalisieren dir, dass diese Tore und die Welt dahinter nur für dich bestimmt sind. Sie sind dann da und passen auf, dass niemand anders dort hineingelangt, es sei denn, du hast es erlaubt.

Während du tiefer ein- und ausatmest und weiter zu dir und deiner Ruhe findest, nimmst du gleichzeitig deinen aktuellen Standort wahr, und es offenbart sich dein Interesse, durch die Tore zu schreiten und mehr von dem wundervollen Ort hinter den Toren zu erkunden. Es ist angenehm warm und hell dort. Ein leuchtendes Licht weist dir den Weg. Während sich Ruhe und Schwere mehr und mehr in deinem Körper ausbreiten, gelangst du mit deiner Fantasie mehr in Bewegung, angezogen von der Magie des Ortes, der hinter den Toren liegt. Mit jedem Schritt, den du gehst, kannst du mehr von Last und Anspannung fallen lassen ... nichts tun ... dich atmen lassen ... staunen und genießen. Ruhe und Sicherheit ausstrahlt. Ganz sicher. Ruhig und sicher. Mit deinem Körper wirst du dir dieses Ortes gewahr.

Vielleicht kennst du diese Landschaft, die sich dir nun offenbart. Lass deiner Fantasie und deinen Erinnerungen freien Lauf. Hinter dir schließen die Wächterinnen sanft die Tore. Eine helle

Mauer aus Licht und Pflanzen umgrenzen den magischen Ort. Mit deinen Augen wirst du dir dieses Ortes gewahr, dier Zeiten verschieben sich, und nach einigen Wechseln wird dir klar, in welcher Jahreszeit du gerade bist. Vielleicht hast du eine Ahnung, welche Tageszeit gerade ist? Eine Zeit, die du am liebsten hast, um dich ganz, ganz sicher zu fühlen. Die Zeit scheint stillzustehen. Vor dir eröffnet sich weiter ein fantastisches Panorama wunderschöner Natur. Wenn du den Kopf sanft drehst, vergewisserst du dich, dass dieser Ort voll und ganz sicher und abgrenzt ist. Du kannst erahnen, wie weit sich diese Szenerie ausbreitet, so wie die Ruhe mehr und mehr in und um dich herum zu spüren ist.

Du entdeckst einen Baum, der unweit von dir steht, ruhig und weise. Sanft wiegen sich seine Äste und Blätter im Wind. Vielleicht hörst du das Blätterrauschen, das dich tiefer in die Entspannung wiegt. Unweit vom Baum entdeckst du jetzt eine schöne Bank, die dich einlädt, Platz zu nehmen. Während du dich langsam dorthin bewegst, kann dein Körper mehr und tiefer entspannen ... loslassen. Der sanfte Wind bringt zarte angenehme Aromen und Düfte zu deiner Nase. Er streichelt dein Gesicht und deinen Körper. Der Atem ist frei und leicht. Wohlige Wärme umgibt dich. Auf dem Baum entdeckst du jetzt auf einem Ast ein Vögelchen, das wie du die Ruhe und Landschaft genießt. Es sieht dich von dort oben ganz entspannt sitzen, dich anlehnen und dass es dir gut geht. Aufgehoben sein. Lass die Ruhe und Zeit sich weiter um dich ausbreiten. In der Vollkommenheit der Landschaft entdeckst du mehr und mehr Details, die dein Auge und Herz erfreuen. Lass sie wirken, genieße sie. Du spürst nun ein ungeahntes Gefühl an Verbundenheit und Frieden. Staune, genieße, spüre ... Tauche tiefer ein in diesen geschützten, magischen Ort. Erfahre ihn mit all deinen Sinnen ... jetzt ... werde dir deiner selbst gewahr ... wie geschützt und sicher du jetzt bist ... wie ruhig und entspannt ... wie seelig verbunden ... mit der Natur und wohlwollenden Kräften um dich herum.

Lass dir Zeit und Raum ... zu erfahren ... mehr zu erfahren. Nimm dieses tiefe Gefühl des Beschütztseins und Vertrauens wahr. Vielleicht zeigt es sich in Form von angenehmer Wärme an der einen oder anderen Stelle deines Körpers und findet seinen Weg weiter in dich hinein. Spüre dem nach.

Wenn es an der Zeit ist, kannst du dich langsam auf den Rückweg begeben. Du nimmst die Bank wahr und schaust zum Vögelchen, das dich aufstehen sieht. Ihr verabschiedet Euch mit Blicken und in unsichtbarer Verbindung im Raum. Du gehst deinen Weg zurück zum Tor und wirst dir erneut gewahr, dass alles sicher und friedlich ist. Die Wächterinnen empfangen dich mit einem wissenden Lächeln und öffnen für dich sanft den Weg nach draußen. Ihr verabschiedet Euch herzlich voneinander. Du spürst und weißt, dass du jeden Moment, zu jeder Tages- oder Jahreszeit, an diese Tore und diesen besonderen Ort zurückkehren kannst, der nur für dich bestimmt ist, der Frieden und Schutz bietet. Der Ort, der dich atmen und zur Ruhe kommen lässt. Der Ort, der die Verbindung mit deinem Innern fördert und schützt. Du gehst durch die Tore hindurch und spürst deutlicher deinen Körper, hörst dich tief durchatmen. Du spürst jetzt deine Hände und Füße, deinen Rücken usw. Du öffnest die Augen und schenkst dir mindestens drei tiefe Atemzüge. Jetzt bist du wieder völlig wach. Eine angenehme Ruhe, innere Gewissheit und ein tiefes Gefühl von Sicherheit hast du mitgebracht.

Anhören: www.sacht-institut.de/sichererort.html

# 2. Leuchtkraft:

## Mentale Stärke – innere Haltung zu Krisen

# Ja zu Krisen

Krisen gehören zum Leben, zu jedem Leben, zu jeder Zeit. Sie kommen einfach so, fallen mit der Tür ins Haus – ganz ohne Einladung. Manchmal bringen sie Geschenke mit, die du nicht brauchen kannst. Anständige Krisen klopfen vorsichtig an, die unverfrorenen verstecken oder verkleiden sich in Form von „Felern" (!) oder Enttäuschungen. Andere kommen auf Samtpfoten angeschlichen – wie ein Raubtier auf Beutesuche – und packen unvermittelt zu. Sie können sich auflösen wie Morgennebel und uns Sicherheit vortäuschen. Wir sind froh, davongekommen zu sein – zumindest für eine Weile.

*„Krisen gehören zur Menschheit und generell zur Entwicklung. Ohne Krise keine Entwicklung."*

Bemerken wir sie nicht oder nehmen sie nicht ernst, ist es wie mit der 13. Fee im Märchen: Zornig angesichts der Nichtbeachtung können sie Albträume auslösen oder wie ein böser Zauber wirken. Nun bleibt nur die Hoffnung auf ein schönes, mutiges Wesen, das uns da wieder herausholt. Oder?

Wie wäre es, wenn du die Uhr zurückdrehst? Wenn du selbst das mutige schöne Wesen bist oder ein Gastgeber, der die Tür öffnet, die Krise willkommen heißt und ihr einen Platz am Tisch anbietet? Wie kann das gehen? Zum Beispiel, indem du freundlich schaust, wie sie aussieht, was sie mitbringt; beachtest, dass sie da ist und wozu; fragst, was sie im Gepäck hat; lauscht, was die Krise zu sagen hat – offen, lernbegierig und handlungsfähig. Krisen sind Aufmerkversuche für Themen, die noch nicht genügend beachtet worden sind. Sie weisen auf wichtige Bedürfnisse hin und bringen Entscheidungsvorlagen auf dem Silbertablett. Entdecke die Botschaften und die Möglichkeiten, die die Krise mit sich bringt. Achte darauf, was es jetzt wirklich braucht: vor allem Zeit und Raum zum Hinhören, Hinschauen und Spüren. Hol dir Unterstützung. Mache dir klar, in welchen Dilemmata du steckst, und triff Entscheidungen. Vielleicht löst sich der böse Zauber auf?

Sollte sie sich dann immer noch schäbig verhalten, kannst du sie beim Schopfe packen, kräftig durchschütteln und sie mit klarem Verstand und geballter Kraft auf einen sicheren, unschädlichen Platz vor die Tür setzen.

Zahlreiche krisengeplagte Menschen erzählten,

- dass Krisen für sie wie „Entwicklungshelfer" seien.
- dass sie ein Ende haben, wie alles im Leben.
- dass Krisen wie Raketen seien, die enorme Energie für einen zauberhaften Neuanfang in sich tragen.
- dass du früher oder später gestärkt und kompetenter aus der Krise herauskommst.
- dass Krisen die verdeckten Gefühle wecken und bisher ungekannte Seiten offenbaren.
- dass sie Vergangenes, das nicht gut integriert wurde, immer wieder zum Vorschein bringen.
- dass sie einen kreativen Schatz bergen und Beziehungen, Charakter, Visionen und Lebenseinstellungen, sogar unsere Kultur und Lebensweise formen.

# Krisen und Lebenswenden

**Krisen als Wendepunkte** Die alten Griechen nannten sie ***„krisis"***, was so viel heißt wie „Entscheidung, Scheidepunkt, Zuspitzung" oder auch „Wendepunkt". Viele Menschen haben in Krisenzeiten Sorgen und Gefühle von Unsicherheit und Angst. Oft gibt es kein Entrinnen. Es kann jeden treffen. Krisen zeigen Zwickmühlen auf. Wohin man sich auch bewegt: Immer geht es mit einem Verlust oder Loslassen einher. Dilemmata werden nie so deutlich wie in Krisen. Das ist die Zeit, sich seiner Ziele noch deutlicher bewusst zu werden. Konflikte und Ohnmacht kochen hoch. Krisen können existenzbedrohlich, grausam und vernichtend sein. Doch trotz allem gibt es immer etwas zu lernen, und manchmal öffnet sich ein neuer Weg.

**Krisen als Energiequellen** Krisen können trennen und zerstören. Und sie besitzen Kraft. Krisen verbinden Geschlechter, Geschwister, Generationen, Teams, Kulturen, Religionen und Völker. Sie weisen auf Bedürfnisse hin, wecken ungeahnte Gefühle und Energien, zeigen die Richtung und bringen Handlungsaufträge mit.

**Krisen als Chance zum Innehalten** Krisen führen zu Unterbrechungen. Sogar das Erste und Letzte im Leben, das Atmen, macht Pause. Der gesunde Atem geht so: Einatmen. Ausatmen. Pause. Einatmen … In einer „Atempause" kann Neues entstehen. In einer Pause erholen wir uns, wir können entschleunigen. Innehalten. Nachdenken. Nachsinnen. Im Moment ausharren. Wir können präsent werden und sein, unsere eigene Mitte finden und zur Gelassenheit finden. Es öffnet sich die Möglichkeit, mit uns selbst, mit unseren Ressourcen neu in Kontakt zu kommen – weg von Perfektionismus, Hetze und Optimierung gelangen in einer Krise die essenziellen Dinge des Lebens in den Mittelpunkt: das, was wirklich zählt und was man sich mit Geld nicht kaufen kann, wie Liebe, Wertschätzung, Pragmatismus oder Improvisation.

*„Gelassenheit hat etwas mit Fehlertoleranz und Loslassen zu tun."*

**Krisen als Anstoß zum Loslassen** Krisen zwingen uns zu Entscheidungen. Da steckt das Wort „scheiden" drin. Etwas loszulassen, das zu uns gehört, fällt schwer. Diesen Schmerz dürfen wir uns eingestehen. Auch hier hilft es, tief und lang zu atmen. Geh in die Natur und schaue. Besonders im Herbst, wenn die Blätter fallen, kannst du das Loslassen üben. Die Natur zeigt uns, wie es geht. Wir können von ihr lernen. Zum Beispiel, wie große Steinbrocken durch Wasser, Wind,

Sonne und Bewegung kleiner werden, manchmal sogar bis zu Sand zerrieben werden.

Was wirklich zählt, ist die Erhaltung unserer Lebensgrundlage und die Gesundheit. Ohne Lebensgrundlage und ohne Gesundheit ist alles nichts. Was wirklich zählt, ist das soziale Miteinander, der Respekt vor anderen Lebewesen sowie das Achten auf Grundrechte und Grundbedürfnisse. Wenn jemand uns die Hand reicht, wenn der Blick in eine gemeinsame Richtung geht und wir gemeinsam anpacken, wirkt das ungemein entlastend.

## Atem- und Innovationspausen

Die Fragen „Wozu sind wir da? Was soll sein?“ können uns helfen, dass wir uns der Ziele und Maßnahmen bewusster werden. Pausen unterstützen uns dabei. Atmen. In der Pause können wir uns nähren, die Natur bewusster erleben, der Zeit nachsinnen, Altes loslassen, Geschehenes verarbeiten und etwas Neues vorbereiten. Auch wenn wir uns verlaufen haben: In einer Pause können wir uns orientieren und die Entscheidung fällen, ob wir die eingeschlagene Richtung beibehalten oder ändern. Wir können vom eigenen Weg kurz abkommen, um auf dem eines anderen mitzulaufen, dessen Perspektive wahrnehmen, vielleicht sogar Hilfe annehmen oder anbieten. Gemeinschaft entsteht, wenn wir ein Problem zusammen lösen, das wir allein nicht entwirren konnten.

In der Coronakrise zum Beispiel haben wir uns alle mit der digitalen Welt vertraut gemacht – schneller und kompetenter, als es sich eine Digital-Manager je hätte ausdenken können. Viele Menschen haben die Gesundheit, Umwelt und das einfache soziale Miteinander viel mehr schätzen gelernt als vor der Krise. Nicht nur die Geduld, auch unser Kontakt-, Freiheits- und Kontrollbedürfnis werden hart auf die Probe gestellt. Trotz Distanzierungserfordernissen bringt uns die Krise mit uns selbst intensiver in Kontakt. Sie löst Pläne in Luft auf und wirft uns zurück auf den Moment. Dabei hat sie überraschendes Neues im Gepäck. Verzicht kann auch Gewinn bedeuten: Im Hier und Jetzt zu sein, sich selbst spürend und bewusst atmend, den Fächer der Wahrnehmung aufzuspannen, bewusster zu sehen, zu hören, zu riechen, zu schmecken, zu berühren, zu sinnieren sowie kleine Schritte zu gehen sind Wege zur inneren Mitte und zur großen mentalen sowie körperlichen Gesundheit. Nutze die Atempausen für mehr Bewusstheit und einen positiven Perspektivwechsel.

Fest steht: Die Menschen in Medizin, Sozialem, Pflege, Handel und Kultur leisten in der Coronakrise Großartiges am Rande der Belastungsgrenze, die Familien, die jungen Menschen at Home, in Schule, Lehre, Studium, Forschende und Lehrende ebenfalls. Eine große Not in Form von Existenzfragen, Erschöpfung und Unmut breitete sich aus. Besonders junge Menschen verzichteten zugunsten des Schutzes auf die unwiederbringlichen Freiheiten ihrer Jugend und bekamen kaum Wertschätzung oder irgendeine Form des Dankes. Was ist mit der Wertschätzung für die, die im Dauereinsatz an Systemgrenzen gestoßen und über ihre Kräfte gegangen sind? Extreme Positionen und Spaltungen nehmen in diesen Zeiten zu.

Umso wichtiger werden die Verbindungen und der Fokus darauf, was geht, wie zum Beispiel: Menschen unterstützten einander oft mehr als zuvor. Sie sangen allein oder im Chor, sei es auf dem Balkon oder vor dem Bildschirm, weil Musik verbindet und glücklich macht; Vögel nisteten auf dauerparkenden Autos; Elefantenfamilien gingen in Indien auf ehemals vielbefahrenen Straßen spazieren; Vogelschwärme landeten auf breiten südafrikanischen Stränden, Flugzeuge dagegen blieben weltweit am Boden, die Kanäle von Venedig wurden wieder türkisblau, die Atmosphäre, die Wiesen, Wälder, Flüsse und Meere erholten sich. Es kam etwas in Bewegung.

## 2SACHT-Körperübung

Stell deine Füße vor dir auf und nimm Kontakt zum Boden auf. Konzentriere dich auf deine Atmung. Wie sie kommt und wie sie geht … finde und achte die Atempause und lass dich von der neuen und jedes Mal einzigartigen Atembewegung tragen. Verbinde dich mit deinem Körper, dem Boden und deinem Atem. Spüre den festen Halt unter den Füßen, im Rücken und unter der Sitzfläche. Stell dir vor, wie die große Erde dich trägt … wie dein Körper dich trägt … wie dein Atem dich trägt … du kannst von der großen runden Erde nicht herunterfallen.

Wenn du die Übung „2SACHT-Körperübung in 2 Minuten" mehrmals durchgeführt hast, kannst du probieren, dich deinen mentalen Krisenkompetenzen zu widmen. Beginne mit dem Spürmodus wie oben beschrieben. Fang an mit deiner Aufmerksamkeit zwischen außen und innen zu pendeln. Während du nach innen pendelst, lass eine oder mehrere der folgenden Fragen auf deine innere Gedankenbühne treten. Sinne ihnen nach.

## SACHT-2Go-Selbstcoachingfragen:

- Frage dich und andere, wo und wann es dir schon gelungen ist, scheinbar unveränderbare Dinge/Themen zu akzeptieren.
- Wer in deinem Umfeld kann es besonders gut?
- Wie kannst du deine akzeptierende Seite in dir stärken und ihr zum Wachstum verhelfen?
- Wie kannst du andere dabei unterstützen, mehr Akzeptanz zu entwickeln für Dinge, die sie nicht ändern können?

Wenn du noch weitermachen möchtest, dann beschreibe ausführlich und konkret, was das Problem ist:

- Liegt das Problem in deinem Einflussbereich?
- Wie kannst du das Problem vergrößern/verringern? Was kannst du auf das Problem bezogen akzeptieren, was gar nicht?
- In welcher Lebenssituation ist es dir geglückt, zu akzeptieren, was du nicht ändern konntest?
- Wann ist es wie gelungen, deinen Einflussbereich zu vergrößern, obwohl du zuvor gedacht hast, es wäre gar nicht oder schwer möglich?
- Was waren die konkreten Auswirkungen auf der Gefühls- und Verhaltensebene?
- Wie hat das Umfeld dich wahrgenommen?

# Akzeptanz und Einflussbereich

Gemeint ist hier, seinen Fokus auf die Dinge zu richten, die im eigenen Einflussbereich liegen.

Viele werden unglücklich und verbittert, weil sie stets das Unerreichbare fixieren oder sich ständig vergleichen. „Der Vergleich ist das Ende des Glücks und Anfang des Unglücks", sagte einst Sören Kierkegaard. Ich gebe ihm recht. Die wichtige Frage lautet: Liegt das Thema oder das Problem in meinem Einflussbereich? Wenn ja, dann fange ich an, etwas zu tun oder zu ändern. Wenn nein, kann ich höchstens schauen, ob ich meinen Einflussbereich vergrößern kann, um etwas zu tun oder zu ändern. Ansonsten bleibt mir nur die Akzeptanz nach dem Motto „Love it, change it oder leave it."

*"God, grant me the serenity to accept*
*the things I cannot change,*
*Courage to change the things I can,*
*And wisdom to know the difference."*

**Reinhold Niebuhr**

Die Fähigkeit zur Akzeptanz bleibt eine lebenslange, schwierige Aufgabe. Das darf man ruhig mal erwähnen. Akzeptanz gehört auch zur psychischen Widerstandsfähigkeit, der Resilienz. Wie du diese weiter fördern kannst, erfährst du in Kapitel 9.

# Prioritäten setzen

Wenn man in einer Krise steckt, muss man Kräfte und Handlungsreserven aktivieren. Da Ressourcen endlich sind, ist es ratsam Prioritäten zu setzen. Krisen, die uns stark betreffen, bringen sowieso die Priorisierung und Einteilung, was wichtig und unwichtig ist, als Geschenk mit. Im Alltag wünschen wir uns manchmal, wir könnten wie professionelle Artisten alle Bälle gut in der Luft halten.

In Asien habe ich einmal eine artistische Vorführung mit tanzenden Tellern auf Stäben gesehen. Die Künstler waren so geschickt, dass sie bis zu zehn Porzellanteller jonglieren konnten. Das zu lernen, braucht Zeit, Ausdauer und Fehlertoleranz. Wie wäre es, wenn du dir zuerst einmal ein oder zwei Teller vornimmst und genau betrachtest, was du darauflegst, bevor du sie in die Hand nimmst, in die Höhe oder sogar noch zum Drehen zu bringen wagst.

Im konkreten Sinne: Überlege dir, welche Lebensfelder und Themenbereiche du zuerst angehen möchtest. Mache dir deine Ober- und Unterziele bewusst. Nichts ist immer gleichgewichtig und kann auf allen Ebenen optimal gelingen. Ordne die Unterziele den Oberzielen unter, wie z.B. gesund sein, eine glückliche, bereichernde Partnerschaft leben, eine sinnvolle Aufgabe tun etc. Frage dich, wie du in einem oder in fünf Jahren über deine Herausforderungen und die zahlreichen Aufgaben von heute denkst. Gönne dir eine Atempause und gewinne Abstand, um rationaler an die Organisation der Aufgaben zu gehen.

Du kannst dir Notizen in Form von Listen machen oder Prioritätenfelder mit unterschiedlichen Farben auf ein Blatt Papier malen (oder ein elektronisches Medium). Das Leben ist leider nicht in jedem Moment vollkommen, und wir dürfen unsere Ansprüche und Ideale jederzeit überdenken und auf Realisierbarkeit prüfen. Nicht zu denken, auch in dich, in deinen Körper hineinzuspüren, kann dabei sehr hilfreich sein. Tue dir etwas Gutes. Nutze die Distanz zum Geschehen und habe Erfolg mit der Strategie der kleinen Schritte. Vielleicht stellst du dir eine wohlwollende Stimme vor, die dir immer wieder zuflüstert: „Eins nach dem anderen."

Du hast die Möglichkeit, alte, tief sitzende (und wirkende) Glaubenssätze, die längst nicht mehr stimmig für dich, diese Zeit und dein zukünftiges Leben sind, von Bord zu werfen oder zu wandeln. Frage dich bei der Priorisierung nach dem kurz- und langfristigen Sinn, nicht nur allein nach den Zielen. Achte dich. Nimm dich ernst. Bedeute dir etwas. Beleuchte die Aufgaben und Probleme aus Sicht einer anderen Person, einer aus deinem näheren Umfeld und womöglich einer Person, die ganz unbeteiligt wäre.

## Bewusstsein, Verstand, Geist

Verstehen und Verstand hängen bekanntlich zusammen. Das Vermögen, Erkenntnisse, Ideen und Vorstellungen zu bilden, zähle ich zu den menschlichen Leuchtkräften. Etwas verstehen zu wollen, ist auch ein gesundes Bedürfnis von Menschen. Wenn wir uns jedoch ausschließlich vernünftig und verstandesgemäß verhalten, schneiden wir uns von den anderen vorhandenen Leuchtkräften ab, die vielleicht nicht so zugänglich sind. Geisteskraft schafft Analysen, Konzepte, Theorien, Konstruktionen, Messbarkeit, Überprüfbarkeit und Methoden, die auch zum vernünftigen Handeln und Weiterentwicklung beitragen können. Vieles vom heutigen Stand der Wissenschaft, Technik, Medizin, Natur- und Heilkunde haben wir der Geisteskraft vieler kompetenter Menschen und Systeme zu verdanken.

Beim Bewusstsein handelt es sich um das Erleben mentaler (geistiger, hirnbezogener) Zustände und Prozesse. Bewusstsein kann zu anderen Bewusstseinszuständen, wie Schlafen, Träumen, Trance, Transzendenz oder Bewusstlosigkeit abgegrenzt werden. Also nutzen wir unseren Geist und noch andere Ressourcen, die später im Buch folgen, um uns etwas bewusst zu machen.

Sich etwas bewusst zu machen, bietet nicht nur die Möglichkeit der Erkenntnis, sondern auch der Veränderung. Mithilfe von Bewusstsein können Muster erkannt und unterbrochen werden. Nutze deinen Verstand, um Fakten abzuwägen. Prüfe Fakten aus mehreren Quellen. Sorgfältig zu recherchieren und Fakten auf Glaubwürdigkeit zu prüfen, gehört u.a. auch zu den ethischen Grundsätzen des professionellen Journalismus. Nützliche Werkzeuge für Faktenchecks sind: mehrere Quellen zurate ziehen, offene Fragen stellen und sich an forschungsmethodischen Gütekriterien orientieren.

Zum Bewusstseinsprozess gehört auch das Beachten emotionaler (Kapitel 5) und unbewusster Phänomene im Kapitel 8.

## Hin zum Sinn

Aus Bewusstsein kann Sinn entstehen. Sinn ist ein großer Handlungsantrieb. Aus ihm erwachsen Motivation und Energie. Sinnstiftende Ziele sind deutlich wirkungsvoller als sinnlose. Ein Begründer der systemischen Therapie, Steve de Shazer[4], hat den Spruch geprägt: „Ziele sind wie Lokomotiven, die die Lösungen hinter sich herziehen." Sich positive Ziele zu setzen, kann sehr wertvoll sein. Kleine Schritte

4 Steve de Shazer: Worte waren ursprünglich Zauber. Carl Auer Verlag; 2017

in diese Richtung können einen großen Unterschied machen. Weitergedacht, kann man auch das Wort „Ziele“ mit „Problemen“ ersetzen, und es würde noch stimmen. Denn hinter jedem Problem steckt schon die Lösung.

Ziele sind große Antreiber für Entwicklung. Unterscheide dabei Handlungen oder Maßnahmen (z.B. Sporttreiben, Geschenke einkaufen) von Zielen. Ziele sind anzustrebende, wenn möglich attraktive, erreichbare Zustände (z.B. „Fit sein“, „Glücklich sein“). Damit erweiterst du deine Handlungsmöglichkeiten und Wege zum Erreichen des Ziels (Spazierengehen,Schwimmen, Tanzen, Lesen … für körperliche und mentale Fitness/Zeit für Austausch, Kultur, Genießen, gemeinsam Geschenke aussuchen …). Wir erreichen unsere Ziele deutlich häufiger, wenn wir sie frühzeitig konkret und positiv aufschreiben.

Meine Ziele und Wünsche:

________________________________________

________________________________________

________________________________________

________________________________________

________________________________________

________________________________________

________________________________________

Davon Oberziele:

Davon Unterziele:

Zufriedenheit und Wohlbefinden hängen sehr mit der inneren Einstellung und der Sinnhaftigkeit im Leben zusammen. Entscheide dich, ob du das Glas halb voll oder leer siehst. Reflektiere dich und werde dir deiner Erfahrungen sowie deiner inneren Annahmen bewusst. Daran zu „arbeiten", kann ein völlig neues Lebensgefühl mit Ressourcenperspektiven erzeugen. Bewusstmachen bedeutet auch Kraftaufwand und ist Arbeit. Also denk an deine Atempausen, mit denen alles viel leichter von der Hand geht. Dennoch die meist unbewussten Muster unseres Seins und in der Beziehung zu erkennen, ist in der Tat recht schwer. Dabei kann man sich auch professionelle Hilfe in Form von Beratung, Coaching oder Therapie holen.

## Systemisch denken – das große Ganze

Zur Krise und zum Wandel gehört nun mal eine ordentliche Portion Unsicherheit. Eines wird gewiss, nämlich dass alles miteinander zusammenhängt, und wie abhängig wir alle voneinander sind. Systemisches Denken und Handeln sind für derartig große Ungewissheit nützlich. Dazu hast du schon etwas im Kapitel 1 zur Systemischen Achtsamkeit gelesen.

Systemisches Denken hat seinen Ursprung im ganzheitlichen Denken in den Anfängen der Menschheitsentwicklung und in der Anfang/ Mitte des letzten Jahrhunderts entstandenen Chaostheorie und Quantenphysik.

Vereinfacht besagt sie, dass der Flügelschlag eines Schmetterlings in Südamerika einen Wirbelsturm auf einem anderen Erdteil auslösen kann. Daraus sind die Systemtheorien entstanden, die eben die Gesetze von Systemen erklären und veranschaulichen. Wenn ein Glühwürmchen im Schwarm ein Signal verarbeitet und einen Richtungswechsel vollzieht, dann hat es Einfluss auf alle anderen, und es entstehen faszinierende neue Gestalten. Kleine Impulse (auch von außen) können große Auswirkungen haben.

Systemisch denken und handeln kann heißen, sich vor allem als Teil des Ganzen zu begreifen, sich nicht so wichtig zu nehmen und dennoch die eigene Selbstverantwortung wahrzunehmen. Man konzentriert sich auf die Ressourcen, wie Fähigkeiten, Kraftquellen, Gelungenes, Stärkendes. Das Ganze hat viel mit innerer Haltung zu tun. Dazu gehört auch eine Offenheit für Vielfalt, Wandel und Fehlertoleranz. Es bedeutet, sich auf einen ergebnisoffenen Prozess einzulassen, die Lebendigkeit zu würdigen und mit dem Unvorhersehbarem rechnen.

Der permanente Wachstums- und Verdrängungsanspruch mit dem Kampf um Ressourcen hat einen hohen Preis. Wenn wir uns den systemischen Zusammenhängen und dem großen Ganzen wieder mehr öffnen, gelingt es vielleicht besser, die großen Krisen zu meistern.

Ich möchte dich ermutigen, dir mehr über sinnstiftendes Gemeinwohl (inklusive aller Wesen, die auf der Erde zu Hause sind) Gedanken zu machen, statt bedenkenlosen Konsum, Wegwerfmentalität, Egozentrismus und Konkurrenz weiter zu füttern. Das frisst uns und unser Zuhause auf. Es ist an der Zeit und noch nicht zu spät, mehr und neue nutzenstiftende Wege des Zusammenlebens oder im Umgang mit Herausforderungen zu gehen.

## Das Denken in Teilen und kleinen Schritten

... kann ebenso klug und nützlich sein wie das große Ganze. Systemisch zu denken kann auch heißen, Großes klein und bewältigbar zu machen. Falls du ein großes Problem vor dir siehst, tritt einen Schritt zurück oder zur Seite und schon sieht es anders aus. Du kannst auch mal versuchen, es von der Rückseite zu betrachten, und es wird dich verblüffen. Du kannst es von der Zukunft aus gesehen rückblickend betrachten oder dich erinnern, wie es aussah, als es noch babyklein war. Kennst du die Kopf-stell-Methode? Wechsle die Perspektive, dreh dich um und betrachte die Sache erneut. Was sind die Unterschiede? Du könntest das Problem auch größer machen als es ist, aber das passiert ja häufiger als umgekehrt. Das Problem hat die Lösung im Gepäck. Frage dich, was wäre, wenn das Problem vollständig gelöst ist? Wen oder was würdest du vermissen, wen oder was gewinnen? Was ist der erste kleine Schritt in Richtung Lösung?

Setz die Ressourcenbrille auf und betrachte die Welt mit anderen Augen. Hier ein Beispiel zur Wirkung von Sprache:

Was ist das Gute am Symptom, an der Krise, am Problem?

Schlimmer geht ja bekanntlich immer. Mithilfe der Prinzipien der Systemischen Achtsamkeit streichen wir einfach das „l“ und ein SACHT-Prinzip erscheint: „Ein Schimmer Konstruktives geht immer.“ Bei der Last wechseln wir das „a“ und bekommen „Lust statt Last“ und hoffentlich Lust auf mehr.

Große Brocken kleiner, attraktiver und erreichbar zu machen, entfacht unheimliche Energie, und sie werden leichter verdaulich. Wenn du zum Beispiel im großen Maß verunsichert bist, kannst du dir sagen: Es ist nur eine Seite in mir verunsichert oder panisch. Dann gibt es noch die Seite, die Sicherheit kennt und Vertrauen. Frage dich, welche Seiten in dir gerade im Vordergrund stehen und weder zu Wort kommen noch sichtbar sind.

Jetzt einen Gang zurückschalten, raus aus dem Panikmodus … zurück zum Anfang und … neugierig bleiben, offen wie ein Kind, das sich auf das Leben freut und Neues entdeckt. In solchen Zuständen ist man übrigens am meisten lernfähig und innovativ.

# Übung für unbändige Neugier

Finde einen Platz und genügend Zeit für weiterführende Gedanken. Achte auf deine Füße, spüre den Kontakt zum Boden und zu deiner Sitzfläche und Rückenlehne. Achte auf deinen Atem. Lass den Atem deinen Körper durchströmen und bis in den Bauch kommen. Die Bauchdecke hebt und senkt sich. Der Atem kommt und geht von ganz allein ... Du stellst dir einen guten Platz vor, wo frische neue Ideen gut landen können, alte gute Erfahrungen auch Rast machen können. Deine Gedanken drehen Kreise, vielleicht heben sie ab ... gut so ... und du wirst freier, offener und neugierig ... leicht ...frei ... und freudig wie als Kind vor den großen Ferien, dem Geburtstag oder dem Tannenbaum.

Wie fühlt sich deine neugierige Seite an? Wie sieht sie für dich aus?

Worauf bist du neugierig?

Was hast du noch nie in deinem Leben gemacht?

Wo hast du schon mal liebevoll Grenzen überschritten?

Wo hast du schon mal deine Grenzen oder Kompetenzen überschritten und es ist etwas Tolles daraus entstanden?

Kannst du etwas noch nie Erlebtes ausprobieren, das konstruktiv ist und deine Erfahrungen reicher macht? Was würdest du wagen?

Wo und mit wem kannst du es ausprobieren? Wer kann dich dabei unterstützen?

Was würde passieren, wenn du es nicht wagst?

Was ist dein erster kleiner Schritt?

Anhören: www.sacht-institut.de/neugier.html

Bleib neugierig und erfahre mehr über...

# Das Denken in Bildern

Das Denken in Bildern kann auch helfen. Bilder bewirken i.d.R. mehr als Worte. In Bildern gedacht, versteht und lernt es sich leichter. Bilder sind Gestalten mit Merkmalen, Wesenszügen, und sie haben Begrenzungen. Damit werden sie zu Teilen, die du verändern kannst. Du kannst dir innere Stimmen leicht als Wesen vorstellen und damit deine Konstruktion von der Realität gestalten. Du kannst die Seiten in dir mit Farben und Formen vorstellen, Namen oder Tiergestalten benutzen. Diesen kannst du bestimmte Charakteristiken geben. Hier ein Beispiel für eine Seite in dir, die wir alle gut kennen: den inneren Kritiker. Ist er alt, jung, groß, klein? Welchen Gesichtsausdruck zeigt er, welche Körperhaltung etc.? Welches Tier könnte er am besten darstellen? Gib ihm noch einen Platz, zum Beispiel: Wann und wo fühlt sich der innere Kritiker besonders wohl? Steht oder sitzt er vor dir oder seitlich etc. Du kannst dir weitere innere Anteile bewusst machen: Wer ist noch dabei, bei deinem inneren Team? Wer hat welchen Redeanteil und welchen Platz, welche Bedürfnisse … Dazu erfährst du später noch mehr, wenn du magst.

Du kannst dir positive Zukunftsbilder erträumen, wenn die Realität gerade nicht so blumig ist. Sogar bei Menschen mit Einschränkungen, am Krankenbett etc. nutzen wir die Arbeit mit inneren Bildern und anderen Erlebniswelten. Das hat positive Wirkung auf die Zufriedenheit und sogar auf Heilungsprozesse. Wenn die Hoffnung verloren geht, dass es wieder gut wird, wie soll es dann gut werden?

Alle wichtigen Erfindungen und erfolgreichen Unternehmungen haben mal mit Visionen angefangen. Sie haben eine große emotionale und motivationale Kraft. Man muss vielleicht auch ein wenig verrückt sein, also eine verrückte Seite haben. Das ist völlig in Ordnung.

Als Menschen verfügen wir über die Fähigkeit, unsere Umwelt wahrzunehmen und zu sorgen, in Beziehung zu treten, uns auszutauschen und als Gemeinschaft nicht nur zu überleben, sondern für einen gesunden Lebens- und Beziehungsraum zu sorgen. Visionen und Gelungenes machen mehr Freude als Probleme, Nörgeln und Versinken im Unabänderlichen.

**SACHT-2Go-Selbstcoachingfragen:**

- Welche besonderen Wendepunkte gab es in deinem Leben?
- Welche Stärken und Kompetenzen hast du daraus entwickelt?
- Wer in deinem Umfeld ist besonders krisenkompetent und weshalb?
- Mit wem hat sich nach einer Krise der Kontakt intensiviert oder reduziert?
- Was ist dein Wunsch, dein Traum, deine Vision für die Zukunft?

# Vertrauen und Zuversicht

Vertrauen und Zuversicht zu haben, gehört darüber hinaus zu den großen mentalen/emotionalen Stärken. Beides scheint in der heutigen Zeit spürbar zu schwinden. Nicht (mehr) zu vertrauen, hat in der Regel oft einen guten Grund, der aus Erfahrungen gespeist ist.

Vertrauen ist ein großes Gefühl und eine Haltung, die bei uns selbst anfängt. Man kann die eigene Vertrauenswürdigkeit stets auch überprüfen und zur Maxime seines Handelns machen. Dazu gehört auch der Mut, verwundbar und verletzlich zu sein, sich die eigenen Schwächen bewusst zu machen sowie klug und liebevoll daraus zu lernen. Dann schafft man vertrauensvolle Erfahrungen für sich und andere, woraus neues Vertrauen erwächst. Vertrauen in die Zukunft gehört natürlich dazu. Wir dürfen auch das Gute erwarten. Vertrauen schenken ist ähnlich wie ein Bumerang. Es kommt zurück.

Auch wenn man ungünstige Erfahrungen gemacht und Vertrauensbrüche erlebt hat, wie lange soll das weiterhin das Leben bestimmen? Die Entscheidung liegt bei dir: Setzt du diese ungünstigen Erfahrungen aus der Vergangenheit weiter fort und gibst ihnen damit mehr Kraft? Oder wählst du die andere Richtung? Was sind deine ersten kleinen Schritte dafür? Vertrauen ist das Rezept gegen Angst (Gerald Hüther). Vertrauen, Hoffnung und Verbundenheit gehören zu den großen Leuchtkräften, von denen du in Kapitel 3 mehr erfährst.

Alles ist mit allem in Bezug. Sogar im Universum. Soweit man bisher weiß, schwingt, vibriert und pulsiert alles, und es gibt Sachen, die noch niemand weiß oder die man je erforschen kann. Alles Lebende ist auch vergänglich, und Leben erzeugt, wenn es nicht gebremst wird, ständig wieder neues Leben. Sie geht weiter … die unendliche Geschichte des Lebens. Hoffentlich.

# 3. Leuchtkraft:

## Beziehung und achtsames Miteinander

# Schwarmintelligenz und soziale Resonanz

Kehren wir kurz zurück zu den Glühwürmchen. Sie sind „Schwarm-Lebewesen", das heißt in einem Verband von Lebewesen organisiert, ähnlich den Bienen, Vögeln, Ameisen und Fischen. Eine Schwarmorganisation hat viele Vorteile für die Nahrungsbeschaffung und den Schutz der einzelnen Lebewesen, da sie in der Summe größere Gestalten bilden und sich dadurch effizienter verhalten kann. Es gibt eine Art Kommunik6ation zwischen den einzelnen Mitgliedern des Schwarms und eine, bei dem der Schwarm als Ganzes mit seiner Umwelt interagiert. Denk an die Formationen, die Vögel- und Fischschwärme bilden. So können sie schnell zum Beispiel auf Hindernisse reagieren. Hierarchien gibt es nicht, vielmehr treten einzelne Mitglieder je nach Situation in den Vordergrund und wechseln fluide ihre Position nach scheinbar verborgenen Regeln. Es lässt sich eine intelligente Kommunikation und Vernetzung erahnen, vielleicht ein Geheimnis unsichtbarer Zusammenhänge und harmonisierender Beziehungsgesetze. Man nennt es auch kollektive Intelligenz, bei der sich einzelne Systemmitglieder anpassen, gemeinsam Lösungen auf Umweltanforderungen finden und Rücksicht üben zugunsten der ganzen Gestalt – unbewusst natürlich. Es bedarf einer geheimnisvollen Verbundenheit und stimmigen Regulation (Resonanz) untereinander, damit der spontane Wandel erfolgreich gelingt. Man spricht auch von einer intelligenten Entscheidungsfähigkeit des Schwarms unabhängig von der Intelligenz seiner einzelnen Mitglieder.

*„Eine Schwarmorganisation schützt und stützt das einzelne Mitglied."*

Das wurde auch in sozialpsychologischen Experimenten zur kollektiven Leistungsfähigkeit von Gruppen bestätigt. Derzeit wird beim Ergründen neuer, agiler Arbeits- und Organisationsformen gern der Schwarm als metaphorisches Vorbild genutzt. Althergebrachte hierarchische Organisations- und Menschenbilder mit einer klaren Struktur von Oben und Unten, abgrenzten Bereichen und aufgegliederten Arbeitseinheiten gelten gemäß neuen Anforderungen an Schnelligkeit, Anpassungs- oder Wandlungsfähigkeit als zu starr. Ein Schwarm dagegen kann sich sekundenschnell neu formieren und die Richtung wechseln, was bei agilen Organisationen genutzt wird. Das hat auch seine Schattenseiten, wie ständige hohe Aufmerksamkeit, Rollenwechsel, Unsicherheiten, Ängste, Stress, hoher Abstimmungs- und Handlungsbedarf etc.

Die Selbstverantwortung gehört dazu. Es wäre günstig, wenn man auch die eigene Gestaltungsfähigkeit im Gegensatz zur Ohnmacht („Man kann da nichts machen.", „Ich kann allein nichts ausrichten.", „Das haben wir immer schon so gemacht." etc.) wieder in Betracht zieht.

Neben der Aufmerksamkeit zählen gute Kommunikationsfähigkeiten, ein gewisses Maß an Frustrationstoleranz, Selbstorganisation und Stressregulation zu den wichtigen Fähigkeiten dieser Zeit.

Damit konstruktive Verbindungen und Prozesse wieder leichter möglich werden, benötigen wir Vertrauen, Fähigkeiten zur Resonanz und die Tools der systemischen Achtsamkeit. Dann wird komplexes Schweres ganz leicht.

Nebenbei gesagt, ist es wohl kaum vorstellbar, dass der Vogel am Schwarmkopf 200-mal so viel frisst wie die anderen Mitglieder des Schwarms. Anstelle von Herrschaft, Gier, Starrheit, Kontrollwahn treten das Vertrauen, die Begegnung, das Sichfallenlassen, das Miteinander, die Kommunikation auf Augenhöhe und eine lebensbejahende Flexibilität im Umgang mit Herausforderungen in den Vordergrund. Was für eine schöne Vision. An vielen Stellen wird diese Haltung bereits gelebt und ist erfolgsversprechend (Start-ups, Technologieentwicklung, Umweltschutz und Soziales).

## Gute Kommunikation

Was gute Kommunikation ist, ist sicherlich für jeden unterschiedlich. Es gibt jedoch allgemeingültige Faktoren, die gelingende Kommunikation fördern. Kommunikation an sich ist ein wechselseitiges Geschehen. Wird sie zu einseitig, ist es ungünstig. Es gibt verbale und nonverbale Botschaften über den Körper, die Stimmlage und -melodie etc. Beides gilt es zu beachten. Du kennst das: Du meinst, etwas klar gesagt zu haben, aber beim Gegenüber kommt es ganz anders an. Wichtig ist: Die Bedeutung und Wirkung einer Botschaft bestimmt immer (!) der Empfangende. Offenheit, die Fähigkeit zuzuhören oder Perspektivwechsel einzunehmen sowie Feedback gehören zu jeder guten Kommunikation. Mit einem Austausch auf Augenhöhe und mithilfe von Zuhören sowie interessierenden Fragen kann sie gelingen.

**SACHT-2Go-Selbstcoachingfragen für konstruktive Gesprächsführung:**

- Achte auf eine gute Atmosphäre.
- Betrachte dich als Teil eines größeren Systems und achte auf deine Kommunikation.
- Hole dir Feedback. Gib Feedback.
- Höre gut und aktiv zu.
- Stelle offene Fragen (was, wann, wo, wie, wer ... bringt Antwort her).
- Kommuniziere konstruktiv und wertschätzend.
- Achte auf die Auswirkungen deiner Gedanken und Handlungen. Das ist schon eine ganze Menge und nicht immer so leicht.
- Und denk hin und wieder an den Abstand. Nimm die Perspektive Dritter ein.
- Nimm die Fernbedienung für dein Leben in die Hand (Verantwortung statt Opferhaltung).
- Sorge für ausreichend Pausen, um mit dir selbst und deiner Intuition in Kontakt zu kommen. Dann lassen sich auch Zusammenhänge besser erkennen.

*„Kommunikation ist ein wechselseitiges Geschehen."*

Sorge für eine gute Atmosphäre. Nimm Blickkontakt auf. Lass dein Gegenüber ausreden. Achte auch auf die Körpersprache und setze sie ein. Wirf deine Erwartungen, Bewertungen oder Vorurteile einfach mal über Bord und erfahre, welchen Unterschied es machen kann, das Erlebte nicht zu werten. Du kannst das Nicken oder das „positiv Kommentieren“ nutzen. Wer fragt, der führt. Nimm wahr, wie oft du oder dein Gegenüber auf der „Sendetaste“ ist. Das führt i.d.R. zu mehr Distanz. Beginne wieder, dich deinem Gegenüber mehr zuzuwenden, zum Beispiel mithilfe der Körperhaltung und mit Fragen. Fragen sind Anzünder für gedankliche und emotionale Leuchtfeuer.

Wertvolle Schätze sind die öffnenden W-Fragen (Was ist los, Wann, Wo, Wie, Wer … bringt Antwort her). Sie fördern Verbindungen und entfachen Kreativität. Im Gegensatz zu den geschlossenen Fragen, auf die man nur mit Ja oder Nein antworten kann. Die *Warum*-Frage zu stellen, führt eher zu einer angespannten Situation, da sie oft Anklagen, Rechtfertigungen oder noch mehr Fragezeichen hinterlässt. Sei nicht sparsam mit Lob und dem Sprechen über Ressourcen.

Dann fangen nicht nur die Augen leicht an zu glühen, sondern auch das Herz strahlt. Flow entsteht.

## Verbundenheit

Auch wenn wir die Dampfmaschine, das Auto, den Computer oder das Smartphone erfunden haben, die alle zur Individualisierung beitragen, sind wir von Beginn und bis zum Ende des Lebens auf soziale Verbindungen angewiesen.

*„Das sogenannte soziale Immunsystem ist wahrscheinlich das Wichtigste, um eine Wunde zum Heilen zu bringen."*

(Christian Schubert)[5]

Keine technische Innovation kann die leuchtenden Sternenstunden des Lebens bei der Geburt eines Kindes erzeugen. Kein noch so ausgeklügeltes Medikament oder irgendeine Droge können die heilenden Hände der Mutter ersetzen, die warme Umarmung einer Großmutter oder das Kuscheln auf Papas Brust. Kein Social-Network kann die Bindung einer stillenden Frau mit ihrem Kind im Arm herstellen. Weder kann ein gefühlvolles Bild noch ein Video das Leuchten und die tiefen Falten um die Augen erzeugen wie die von Eltern, die das Kind nach bestandener Prüfung am letzten Schultag in die Ferien empfangen oder das erwachsene Kind in das Leben entlassen oder zum Beispiel zum Traualtar führen. Kein Massagesessel kann die Gefühle zaubern, die entstehen, wenn das Lieblingstier mit seinem warmen Kuschelfell und tiefen Atem auf dem Herz liegend das eigene Stresssystem runterfährt. Keine mediale Dramaqueen kann die Tränen weinen, die beim Verlust eines lieben Menschen fließen. Die Familie als kleinste gesellschaftliche Einheit ist auch eine große Erfindung der Menschheit, die nicht nur zur Verbundenheit beiträgt, sondern auch zum Schutz oder Fortbestehen des Lebens und seelischen Wachstums.

5 Christian Schubert: Das Unsichtbare hinter dem Sichtbaren: Gesundheit und Krankheit neu denken. Perspektiven der Psychoneuroimmunologie; 2020

# Verbundenheit – der gute Boden

Stell dir eine schöne, leckere, bunte Auswahl an Eis mit frischen Früchten, Vanille und Schokolade vor. Es ist heiß. Du kommst in Versuchung, dir so eine kühlend-schmelzende Köstlichkeit zu gönnen. Leider kannst du nicht über die Behälter herfallen, schon gar nicht darin baden und dich laben … Eine Eistüte oder besser eine Dessertschale muss her. Ein Behältnis, das deine Köstlichkeit und in ihrer einzigartigen Mischung trägt.

*„Verbundenheit ist eine naturgegebene Fähigkeit."*

Die Eistüte kann zerbröseln oder aufweichen. Also entscheidest du dich für die Dessertschale. Diese gibt es schon lange, und sie ist wiederverwendbar. Sie hält alles zusammen, ob es frostig ist oder schon schmilzt. Diese Schale wird dir gereicht. Du kannst sie immer wieder befüllen und davon nehmen. Wenn der Sommer vorüber ist, hat auch ein Bratapfel darauf Platz, ohne dass du dich verbrennst. Sie ist die Grundlage. Du kannst schlemmen und genießen, egal, auch wenn sie Macken hat (oder du) oder du schlecht gelaunt bist. Wenn sie mal zerbricht, kannst du sie vielleicht kleben, und sie hält. Sie bleibt bis zum Schluss, falls sie nicht ganz zerbricht. Du kannst sie sogar weiterreichen. So ähnlich ist es mit der Verbundenheit und Liebe.

Wem das zu kalt ist: Verbundenheit kann sich auch anfühlen, wie mit der Liebsten/den Liebsten in einer kuschligen Kaschmirdecke mit

# 2SACHT-Herzübung

Stell deine Füße schulterbreit parallel und nimm Kontakt zum Boden auf. Lass deine Knie locker (nicht durchgedrückt), damit du den Atemfluss gut durch deinen Körper spüren kannst. Nimm deine Hände in die Höhe des Bauchnabels und reibe sie aneinander. Atme bewusst viermal ein und aus, vertiefe deinen Atem. Öffne beim nächsten Ausatmen die Hände und Arme wie in einer Empfangsgeste für lang ersehnte Lieblingsgäste. Damit hebt sich dein Brustkorb, der Bauch wird größer, dein Becken geht etwas nach hinten, und dein Brustkorb dehnt sich nach hinten. Dein Kinn erhebt sich ein wenig, dein Blick wird offen, ein Lächeln liegt über deinem Mund. Beim Ausatmen gleiten die Hände zurück zur Ausgangsposition, und du legst sie auf dein Herz. Wiederhole das vier bis sechs Mal und beachte, was mit deiner Körperspannung und deiner Stimmung passiert. Stell dir nun vor, wie liebe Personen oder stärkende Wesen vor dir auftauchen und wie du sie in den Arm nehmen und herzen möchtest. Werde dir deiner Verbundenheit mit diesen Menschen und Wesen bewusst und visualisiere Eure Herzensverbindung, zum Beispiel indem du dir ein Band, einen Schleier, einen Lichtstrahl oder eine schöne Farbe vorstellst, die eure Herzen verbindet. Wiederhole das Ritual und die bewussten Atemübungen mit dem Einsatz deiner Arme, so oft es dir guttut.

Beende die Übung mit den Händen auf deinem Herz, einem kurzen, stillen Schließen der Augen und dem Spüren deines Herzschlags. Ein Gefühl von Verbundenheit und Dankbarkeit erklingt vielleicht in dir. Löse die Hände und komm zurück zur Ausgangsposition. Lächle.

Anhören: www.sacht-institut.de/2sacht-herz.html

einer cremigen heißen Schokolade vor einem knisternden Kamin zu sitzen.

Verbundenheit erfahren wir schon von Beginn unseres Lebens, vorgeburtlich sozusagen durch die Nabelschnur und die seelischen interaktiven Verbindungen. Alle Menschen, wie auch immer sie aufwachsen, verfügen über die Erfahrung, verbunden zu sein. Es ist eine Ressource, die tief in unserem Inneren wohnt. Die Verbundenheit ist eine naturgegebene Fähigkeit. Verbindungen werden durch Bänder und Bündnisse geschaffen. Das erste Band im Leben ist die Nabelschnur, das letzte ist die Liebe über den Tod hinaus. Die Verbundenheit bleibt.

Menschen, die sich eingebunden, verbunden fühlen, sind imstande, ein Vielfaches an Leistungsfähigkeit und Problemlösungsvermögen aufzubringen. Verbundenheit bringt Liebe hervor. Ohne Liebe kein Leben. Sie ist die Triebfeder für Wachstum und Entwicklung. Manchmal überwindet Verbundenheit die ungelösten Probleme, die Krisen oder den Hass. Liebe und Hass liegen nah beieinander.

Nicht nur die Zeit, auch die Liebe heilt alle Wunden. Durch Liebe erwächst Unmögliches. Liebe macht Schweres leicht. Liebe kann Hass überwinden. Sie lässt uns über uns hinauswachsen.

Verbindungen beinhalten immer auch Grenzen. Menschliche Verbindungen können gesund, unterstützend und nährend sein, sie können jedoch auch destruktiv wirken. Es ist immer eine Frage der Perspektive und einer achtsamen, gesunden Grenzregulation. Verbundenheit ohne Grenzen kann zerstörerisch sein. Wieder ein Sowohl-als-auch.

Gute Verbundenheit fängt bei uns selbst an. Ich meine die Verbundenheit mit deinem Körper und deinen seelischen Vorgängen, deinen Gedanken und Gefühlen. Dazu kannst du zum Beispiel die Meditation nutzen.

Ich möchte dich an dieser Stelle einladen, dir deiner Verbundenheit mit deinen Lieben, deiner Familie, Freunden und Vorbildern bewusst zu werden. Sicher fühlst du auch Verbundenheit mit Menschen über gemeinsame Interessen und Hobbys. Darüber hinaus gibt es die Verbundenheit mit Menschen, die nicht zum engeren Kreis gehören. Wer ist dir da wichtig?

Wenn Du magst, bade weiter in Verbundenheit und gönn Dir folgende Übung:

## SACHT-2Go-Selbstcoachingfragen – Verbundenheit:

- Nimm ein großes weißes Blatt, trage deinen Namen in der Mitte ein oder male eine kleine Figur.
- Nun schreibe spontan alle Menschen auf, die dir einfallen, mit denen du dich verbunden fühlst.
- Du kannst eine große und eine kleine Schrift verwenden für die Stärke des Kontakts und die Präsenz dieser Menschen. Du kannst dir die Namen ganz nah oder weit weg an den Rand schreiben. Du kannst verschiedenfarbige oder dicke Striche zeichnen, die Euch miteinander verbinden.
- Es kommt nicht ausschließlich auf die Menge an, sondern auf die Qualität deines Verbundenheitsgefühls. Weniger ist auch hier meistens mehr.
- Notiere weitere Wesen (wie Tiere, Verstorbene etc.), denen du dich stark verbunden fühlst.
- Wo und mit wem hast du Liebe erfahren? Finde mindestens eine Person in deinem Leben. Diese mindestens eine Person gibt es, sonst wärest du nicht groß geworden. Male ein großes Herz um diesen Menschen.

# Soziale Unterstützung

Auch über das Private hinaus ist die soziale Unterstützung eine der wichtigsten menschlichen Ressourcen. Wir sind soziale Wesen.

Gemeinsam in einer Krise stecken, stärkt und motiviert, gemeinsam Lösungen zu finden.

In der Arbeitspsychologie unterscheiden wir die instrumentale von der emotionalen Unterstützung. Erstes heißt, Informationen auszutauschen, auf Wissen, Erfahrungen, Best Practises zuzugreifen. Emotionale Unterstützung meint die Kenntnis um die emotionalen Zustände eines Systems, einer Person, das Hinhören, Hinschauen, das Mitgefühl, der Trost. Wenn wenigstens eines von beiden vorhanden ist, ist schon viel gewonnen. Schweres wird leicht.

**SACHT-2Go-Selbstcoachingfragen:**

- Wo und wann hat jemand mit dir Wissen und Erfahrung geteilt? Wie hat sich das angefühlt und welche Auswirkungen hatte das?
- Wo und wann hast du dich emotional sozial unterstützt gefühlt, Trost und Fürsorge empfangen und wie?
- Wo und wen kannst du sozial unterstützen und wie?
- Wann hast du jemandem geholfen, der in der Krise steckt und ihm/ihr zum Beispiel den Kühlschrank gefüllt, eine heiße Suppe gekocht, die wichtige Post von der unwichtigen sortiert, wichtige Wege erledigt etc.?

Lass es weiter sprudeln und finde andere Ressourcenquellen.

## Weitere Verbundenheitsquellen

Verbindungskraft entsteht auch durch andere Ressourcenquellen. Wie sieht es mit deiner Naturverbundenheit aus? Wann hast du sie? Wie kannst Du sie stärken? Die Beziehung zu Tieren kann eine enorme Kraftquelle sein, besonders auch dann, wenn Menschen nicht verfügbar sind oder es große Enttäuschungen gibt.

*„Seitdem ich die Menschen kenne, liebe ich die Tiere.“*

(Arthur Schopenhauer)

Ja, auch die Verbundenheit mit Dingen und Schönem, die dir wertvoll, lieb und wichtig sind, bringt gute Gefühle und Stärke. Vielleicht ein Buch, ein Film, ein Musikstück, ein schöner Platz, ein Raum, ein Fahrrad, ein Geschenk, auch die Yogamatte … Wenn du magst, mach dir bewusst, wie du in Verbindung zum Glauben und zur Spiritualität stehst. Glaube kann Berge versetzen und nicht nur in Trauer- und Verlustprozessen stärkend und hilfreich sein.

## SACHT-2Go-Selbstcoachingfragen – notiere:

- Verbundensein mit meinem Körper, zum Beispiel meiner Atmung, meinen Füßen, meinem Kopf und Bauch etc.? Wann, wo und wie gelingt das gut? Wie fühlt sich das an?
- Verbundensein mit meinen Lieben? Familie, Freunde, Vorbilder, über Interessen, Hobbys …)
- Verbundensein mit Menschen? Mit wem? (Familie, Freunde, Bekannte, Nachbarn, Vorbilder, beruflich, ehrenamtlich, über Interessen, Hobbys …)
- Meine Verbundenheit mit der Natur?
- Meine Verbundenheit mit Tieren?
- Meine Verbundenheit mit Dingen und Schönem?
- Meine Verbundenheit mit Glaube, Spiritualität …
- Zu guter Letzt: Was immer da ist, ist die Verbundenheit mit dem Atem und damit deinem Körper, dem Seelenleben und der Welt. Achte deinen Atem. Atem ist Verbindung, im Kleinem wie im Großen.

**Beachte:** So wie man mit kraftstärkenden Ressourcen verbunden sein kann, so kann man insbesondere in stressüberwältigenden Situationen, bei Misserfolgen oder Krisen mit eigenen schwächenden

Angst- oder Ohnmachtsanteilen verbunden sein. Diese können groß, mächtig und dauerhaft werden, sodass man glaubt, man ist durch und durch nur ängstlich, klein, ohnmächtig, ausgeliefert etc. Das geschieht meist unbewusst und unwillkürlich im Kopf und Körper. Also aufgepasst, wenn du über längere Zeit Panik, Angst, Selbstzweifel, seelische Schmerzen oder Ohnmacht spürst, lass dir professionell helfen. Dabei können schlimme Erlebnisse besser verarbeitet und Symptome und deren Ursachen bestenfalls aufgelöst werden. In jedem Falle sollten deine Stärken, Fähigkeiten, Ressourcen und Selbstgestaltungskräfte zur Problembewältigung aktiviert werden.

## Hilfe in Anspruch nehmen

Einige Erfahrungen im Leben sind unangenehm und manche Gefühle stressen uns. Wir packen sie bewusst oder unbewusst gut weg, damit sie nicht mehr stören. Irgendwann treten sie dann wieder zutage, zum Beispiel über Unkonzentriertsein, Wutausbrüche, Nervenzusammenbrüche, körperliche, seelische oder psychosomatische Symptome.

Zugegeben, wir besitzen auch auf körperlicher und seelischer Ebene gute Selbstheilungskräfte und Krisenkompetenzen. Manchmal reichen die eigenen Kräfte jedoch nicht aus. Erfahrungen, die nicht gut in das seelische und körperliche Geschehen integriert werden, entwickeln sich zu störenden Symptomen. Nutze die Auszeit, die Atempause, um aufzuräumen und dich deinen Gefühlen und Erfahrungen zu stellen, sie zu reflektieren, zu wandeln und gut zu integrieren, damit du gesund bleibst oder wieder gesund wirst und auf alle deine Fähigkeiten zurückgreifen kannst.

Du bist verbunden mit vielerlei Ressourcen.

Du darfst dich öffnen und dir helfen lassen. Zeige dich, trau dich, biete selbst etwas an, wo du andere unterstützen kannst. Das ist großartig, weil die Hilfe dann zu dir zurückspiegelt. Erinnere dich, wann es dir gut gelungen ist, um Hilfe zu bitten oder sie anzubieten. Was war der Unterschied ganz konkret für dich danach. In der Regel ist es wohltuend und entlastend. Geteiltes Leid ist halbes Leid. Manches schafft man nicht allein und auch nicht mit der guten Freundin.

Dann braucht es professionelle Helfer und Unterstützung, manchmal auch weg vom Alltagsgeschehen, in einem abgeschirmten Umfeld mit professionellen Menschen, die sich um dich gut kümmern können.

Jede größere Gemeinde hat psychologische Beratungsstellen, wo du kostenfrei Unterstützung bekommen kannst. Kliniken und Institute haben psychologische oder psychiatrische Institutsambulanzen mit interdisziplinären Profis. Finde über die Dachverbände der Psychotherapeuten (z.B. Systemischer Dachverband: www.dgsf.org, www.systemischer-verbund.de, www.systemische-gesellschaft.de, www.meg-hypnose.de, www.somatic-experiencing.de, www.telefonseelsorge.de/krisenkompass/, www.suizidprophylaxe.de) professionelle Helfende. Schließe dich Netzwerken an, finde Selbsthilfegruppen, die sehr heilsam sein können. Es ist okay, schwach zu sein. Es ist stark, sich schwach zu zeigen und um Hilfe zu bitten. Du bist nicht allein.

# 4. Leuchtkraft:

## Körper

# Achtsam mit und im eigenen Körper

Nun wartet ein weiterer Schatz zum Erfahren deiner Lebendigkeit und Leuchtkraft auf dich.

Dein Körper ist dein Haus für deine Seele. Wie gehst du mit ihm um? Der Hauptteil unserer Kommunikation geschieht über den Körper, also nonverbal (über 70%). Unser Gehirn ist nicht nur für das Denken zuständig, es ist auch unser größtes Sinnesorgan. Laut neuester Ergebnisse aus der Kommunikationslehre und Hirnforschung werden alle Entscheidungen, bevor sie gedanklich erfasst werden können, früher (und zwar 400 ms schneller) auf vorbewusster Ebene getroffen, das heißt in den Bereichen des Gehirns, die für Gefühle und frühe Erfahrungen zuständig sind. Der Teil des limbischen Systems im Zwischenhirn ist stammesgeschichtlich übrigens viel älter als der Teil des Frontalhirns, dem Ort der Vernunft und Handlungsplanung. Im Gehirn ist alles miteinander vernetzt, und es existieren Erfahrungsnetzwerke, die bis in den Körper hinein und zurück wirken. Es ist alles miteinander in Verbindung, nur nicht immer aktiv. Was im Hirn benutzt wird, vernetzt sich (Hepp'sche Regel: What fires together hires together), was nicht, geht verloren. Mithilfe von vielfältigen emotionalen, sinnlichen und körperlichen Erfahrungen kannst du mehr Potenziale deines Hirns ausschöpfen und stärken. Achtsamkeit ist ein Weg dahin.

Wenn wir beispielsweise in unangenehmen und bedrohlichen Situationen sind, dann nutzen wir unwillkürlich das Stamm- und Zwischenhirn. Daraus folgt, dass der Verstand und rationale Lösungsoptionen oft gar nicht zugänglich sind und wir unter Umständen für einen Moment die Sprache verlieren. Uns stockt der Atem, die Nackenhaare stellen sich auf, der Puls und Herzschlag erhöhen sich, und die Blutgefäße verengen sich bis hin zu den Kapillaren. Die Muskeln verkrampfen und die Verdauung oder der Sexualtrieb werden eingestellt. Manchmal ist einem speiübel und man bekommt Durchfall. Wir greifen an, flüchten und ziehen uns zurück oder fallen in Starre. Das ist eine sinnvolle Reaktion aus grauer Vorzeit, die uns das Überleben sicherte. Diese natürliche physiologische Reaktion nennt man Stress.

*„Dein Körper ist Dein Haus für die Seele.“*

Sind wir permanent in solchen chronischen Stresszuständen, dann kann Stress krank machen. Weil psychische Aufmerkversuche, wie Gereiztheit, Müdigkeit, Unkonzentriertsein, Frust oder körperliche Verspannungen und leichte Schmerzen leider oft nicht ernst genommen und nicht als Einladungen zur Gegenregulation verstanden werden, reagiert irgendwann der Körper mit wirkungsvolleren Symptomen, wie Spannungskopfschmerz bis hin zur Migräne, Verdauungsstörungen bis hin zum Magengeschwür, gefährlichen Entzündungsprozessen oder chronischen Darmkrankheiten, Bandscheibenvorfällen, Atem-, Herz- und Hautbeschwerden etc. Die Auswirkungen beeinflussen das ganze System ungünstig, auch das Immunsystem. Die Alarmglocken sind an. Manchmal brauchen wir Menschen mit dem Brett vorm Kopf unsere körperlich-seelisch oder sozialen Alarmglocken, um endlich zu kapieren und umzulenken. Starken erschütternden Stress nennt man Schock oder Trauma.

Als ehemalige Leistungssportlerin, Coach und Körpertherapeutin schätze ich mentale Arbeit und eine bildreiche Sprache. Es geht um die besondere Wirksamkeit vieler Interventionen auf körperlicher und metaphorischer Ebene. Deswegen ist das Buch auch ausgestattet mit Geschichten, Metaphern und vielen Körperübungen, die auf das Seelische und das Umfeld Einfluss haben können.

## Atmung

Beginnen wir mit der einfachsten Ressource, auf die wir Menschen von Beginn bis zum Ende des Lebens zugreifen können, ohne etwas dafür zu tun: unserem Atem.

Er ist einfach da, von Beginn an. Er kommt und geht von allein. Ungefähr 20.000-mal atmen wir täglich ein und aus, mal mehr mal weniger, je nach innerem Zustand. Der Atem verbindet die äußere mit der inneren Welt, das Oben und das Unten. Über den Atem sind alle lebenden Wesen miteinander verbunden. Mithilfe des Atems kannst du dich nicht nur gut mit lebenswichtigen Sauerstoff versorgen, sondern dich auch von schädlichen Stoffwechselprodukten befreien und vor allem dich von innen heraus nähren (ganz ohne Kalorien).

*„Atem ist Leben."*

Der Atem ist etwas Faszinierendes und ist paradox. Er ist uralt und immer wieder neu. Er ist generell und auch einzigartig. Er kann sich in jedem Augenblick verändern und besitzt eine große Beständigkeit. Atem bringt Leichtigkeit und trägt die große Last eines Schmerzes. Er fördert Konzentration, Entspannung und Erholung; senkt den Blutdruck und kann in der Not Schmerzen lindern. Atem ist Empfangen und Loslassen. Der gesunde Atem macht auch mal Pause, wenn nämlich das Alte geht, bevor das Neue kommt. Atem ist Leben.

Erinnere dich an die Atemübung aus Kapitel 2.

# Ein Liebesbrief

Fahren wir fort mit einer weiteren Geschichte. In diesem Fall ist es ein Liebesbrief

Lieber Mensch,

als dein Haus und treuster Begleiter möchte ich mich wieder mal bei dir melden. Nun haben wir schon so lange Zeit miteinander verbracht, und wie das so ist mit alten Begleitern, sie sind so vertraut, so gewohnt, immer da.

Die Gewohnheit ist eine gefährliche Sache. Sie ist wie eine resolute Herrscherin, die alles verschwinden lässt, was ihre Regentschaft unterbricht, wie Hochgefühle, Sehnsüchte, Verhaltensänderungen oder Neuanfänge.

Ich sehne mich nach dir, nach mehr Verbindung. Für mich bist und bleibst du etwas ganz Besonderes, mein Lieblingsmensch. Als sich unsere ersten beiden Zellen trafen, herrschte eine unfassbare Energie, eine Synergie aus zwei unterschiedlichen Welten, die eins werden. Es war, als wäre ein neuer Stern geboren und abertausende Farben, Lichter, Töne formten sich zu einem unendlichen Feuerwerk, so fantastisch wie es nur annähernd Musizierende, Malende oder Poeten je ausdrücken können. Diese Lebensenergie kann ich heute noch an vielen Stellen in dir spüren. Wie durch ein Wunder und mit rasender Geschwindigkeit entwickelten sich immerfort neue Zellen, Strukturen und Gebilde, alles aus einem Ursprung, sich auffächernd und differenzierend bis ins einzigartigste, wundervollste Detail. Als dein Herz zu schlagen begann, habe ich einen Luftsprung gemacht, nein besser einen Salto im wohlig-warmen, fruchtigen Wasser. Vielleicht hat es Mama sogar ein Lächeln aufs Gesicht gezaubert. Als du zu hören begannst, waren wir noch mehr verbunden mit dem Klang des Herzens deiner Mutter, mit dem Klang der Welt. Irgendwann haben wir unsere eigenen Schwingungen und Klänge erzeugt, und ich weiß noch, auf welche Resonanz sie stießen. Da ist der ganze Austausch mit der Welt, erst über die Nabelschnur im mütterlichen Leib und den sanften oder heftigen Berührungen und Bewegungen. Dann die Kommunikation in mir und über mich, deinen Körper. Die Stimme und Sprache ist so wundervoll, das kann man nicht in Gänze erklären, weder die tollsten Wissenschaftler mit ihren Erklärungsversuchen und Messmethoden noch professionelle Geistliche oder selbsternannte Heilige. Als Mama und Papa dich zum ersten Mal im Arm hielten, hatten sie eine gefühlte Idee von dem großen Wunder des Lebens. Manchmal sind sie später davon weit entfernt gewesen, wie wir alle hin und wieder. Das ist menschlich.

Ich bin ein ausgeklügeltes, fein differenziertes Kommunikationsnetzwerk mit hochkompetenten/hochspezialisierten Abteilungen und Prozessen. In uns sind die Systeme, Strukturen, Organe und Mikrobiome alle miteinander verbunden. Es gibt etwa 100 Billionen Bakterien bzw. Mikroorganismen im Körper. Die Anzahl ist höher als die der Zellen. Das sogenannte Mikrobiom macht 90% aus, alles kleine große Systeme/Kraftwerke, die untereinander und mit dir kommunizieren.

Meist gute Bakterienstämme arbeiten für uns rund um die Uhr. Sie versorgen dich mit Energie und regeln unseren gesamten Stoffwechsel, nicht nur die Verdauung, auch den Austausch undvieles andere bis hin zur Immunabwehr. Die kleinen Wesen haben sogar Einfluss auf deine Gefühlswelt.

Dein Herz schlägt mit 60–100 Schlägen und 3,5–5 Liter nährstoffreichem Blutvolumen pro Minute zuallererst nur für dich. Es kümmert sich

in Krisenzeiten zuerst um sich selbst, damit es gut arbeitsfähig ist, um alle anderen wichtigen Organe lebenserhaltend zu versorgen. Wie sieht es mit deiner Selbstfürsorge aus?

Ich schenke dir mit dem Haltungsapparat und all seinen stützenden und verbindenden Strukturen deine Gestalt, Umhüllung und Schutz. Ich bin deine Basisstation.

Mit der Haut, dem größten menschlichen Organ mit abertausend Sinneszellen bist du im Besitz eines weiteren Wunderwerks. Sie hat eine Sinnes-, Ausscheidungs- und Schutzfunktion, ist Speicherorgan und regelt unseren Wärmehaushalt. Wenn du fühlst, habe ich direkten Einfluss auf deine emotionalen, hormonellen Aktivitäten, dein Verhalten und auf deine Abwehrkräfte.

Wenn du berührt wirst oder berührst, tut das auch mir gut. Hautnah bin ich bei dir, fühle mich mit dir. Die Verbindung ist besonders stark, wenn dir etwas unter die Haut geht. Also mach mehr davon, dann sind auch all meine Sinneszellen offen, ich sauge Neues besser auf, und die Erfahrungen prägen sich spürbarer ein, damit wird etwas beständig. Meine Empfehlung: Bitte benutze deine Sinne und mache mehr Sinnvolles. Die etwa 15.000 Sehzellen auf der Netzhaut, die 30 Mio. Riechzellen und 10.000 Geschmackszellen sowie Hautrezeptoren, unsere großartige Schaltzentrale – das Gehirn – und die ausgeklügelten Systeme der Bakterien, Strukturen und Organe lassen dich diese wunderbare Welt erfahren und gestalten. Bei mir geht es wie in anderen Systemen auch um ein stimmiges Gleichgewicht, damit ich gesund bin. Vor allem das Herz, die Lunge, der Darm, die Niere und Leber arbeiten ununterbrochen, versorgen und reinigen dich.

Auch wenn wir 1/3 unserer Nervenzellen schon vor deiner Geburt laut aktueller Hirnforschung (Gerald Hüther) verloren haben. Die Natur hat den Überfluss einkalkuliert. Was für eine Potenzialverschwendung. Die Verbindungen zwischen den Synapsen und Netzwerken, also den Bereichen, die auch genutzt werden, wachsen jedoch ständig. Nicht nur die, auch Tumorzellen können sich vermehren, sodass unsere Abwehr nicht hinterherkommt, wenn beispielsweise Virenangriffe oder andere Stressoren überhandnehmen. Auch die Leber kann mit ihren Aufgaben wachsen, wie Eckart von Hirschhausen[6] betont. Sei nicht besorgt, ich spreche mit dir. Ich bin dein Haus, dein bester Freund, ausgestattet mit einer Menge Widerstands- und Selbstheilungskraft. Schenk mir regelmäßig Zeit in der Ruhe und in der Berührung oder Bewegung. Achte öfter darauf, dass du gut und tief atmest, regelmäßig trinkst, ausreichend schläfst und mich auch ab und zu mal verwöhnst, und wir sind für lange Zeit ein starkes Team auf einem Schiff, das auf dem Fluss des Lebens segelt. Ich bin dein Haus.

„Ich bin mein Haus. Ich bin mein Licht, das für mich scheint … ich bin der Traum, der zu mir spricht … ich bin mein Buch, in dem ich les ein Leben lang." (Rosenstolz)

Ich bin dein Haus. Ich bin immer für dich da.

---

6 Dr. med. Eckart von Hirschhausen: Die Leber wächst mit ihren Aufgaben. Rowohlt; 2008

# 2SACHT-Körperübung für die inneren Organe

Auf dich wartet nun eine angenehme Wellnessauszeit für deinen Geist und deinen Körper. Drück den Knopf in deinem Kopf auf Pause. Lass dich ein und genieß in vollen Zügen. Das Verwöhnprogramm startet jetzt und nimmt dich mit auf den Schwingen der Entspannung zur Oase der Gesundheit und zum Flow. Wohltuende Musik erklingt in deinen Ohren, eine angenehme Brise ummantelt deinen Körper. Der speziell auf dich abgestimmte Wohlfühlduft dringt in deine Nase und aktiviert dein Glückszentrum. Die begleitenden Stimme klingt ruhig, sanft und einladend. Ich stelle dir folgende Übungen aus der Traditionell Chinesischen Medizin, speziell dem Qigong, vor, die gut für deine Organe sind und deinen Lebensenergiefluss fördern können. Sie dienen der Harmonisierung und dem gesunden Ausgleich. Nimm dir zwei bis 20 Minuten Zeit. Du kannst die Übungen einzeln oder im Ablauf hintereinander durchführen. Täglich morgens oder zum Tagesabschluss angewandt, bewirken sie spürbares Wohlgefühl, Entspannung und Wellness für deinen Körper.

Los geht's: Stell deine Füße schulterbreit parallel und nimm Kontakt zum Boden auf. Lass deine Knie locker (nicht durchgedrückt), damit du den Atemfluss gut durch deinen Körper spüren kannst. Lass den Kopf und die Schultern entspannt und dreh deinen Oberkörper mit auspendelnden Armen abwechselnd nach links und rechts, sodass die Hände abwechselnd auf deine Nierengegend klopfen. Mach das ein bis drei Minuten lang. Nimm deine Hände in die Höhe des Bauchnabels und reibe sie aneinander. Atme bewusst viermal ein und aus, vertiefe deinen Atem.

**Nieren- und Blasenwellness:** Beginnen wir mit einer wohltuenden Übung für deine Nieren. Lege dazu deine Hände auf deine Nieren und strecke deinen Körper beim nächsten Ausatmen leicht nach hinten. Schiebe dein Becken leicht nach vorn. Der Kopf ist wiederum leicht nach hinten geneigt, der Blick nach oben gerichtet. Beim nächsten Einatmen kommst du in die Aufrichtung. Das nächste Ausatmen begleitest du mit einer Körperbewegung nach vorn unten, indem du Wirbel für Wirbel abrollst.

Dabei streichen deine Hände an den Rückseiten deiner Beine sanft nach unten. Stell dir vor, wie du die Ausscheidungen deiner Nieren mit diesen Bewegungen unterstützt und alles Schädliche ausstreichst bzw. ausatmest. Bei Einatmen wandern die Hände an den Füßen nach vorn zu den Vorderseiten deiner Beine hinauf zum Becken und Rücken zum Ausgangspunkt deinen Nieren. Du kannst die Bewegung beliebig wiederholen. Als Übergang zwischen den fünf Übungen im Zyklus kannst du deine Hände immer wieder auf deinen Bauch legen und zwei- bis viermal tief durchatmen.

**Leber- und Gallenwellness:** Verschränke deine Finger ineinander. Beim Einatmen bewegst du sie vor deinem Oberkörper und Gesicht nach oben mit den Handflächen nach außen. Die Arme sind halbkreisförmig über dem Kopf zusammengeführt, sodass sie geschlossen einen Kreis (oder ein Oval) ergeben. Beim nächsten Ausatmen neigst du deinen Oberkörper zur Seite. Beim Einatmen kommst du wieder zurück zur Mitte. Beim nächsten Ausatmen beugst du deinen Oberkörper mit den gehobenen, verschränkten Händen auf die andere Körperseite. Das jeweilige Knie wird beim Neigen auf die Seite leicht gebeugt. Wiederhole den Zyklus zwei bis acht Mal.

**Herz- und Dünndarmwellness:** Stell dir deine Arme als Flügel vor. Bring deine Arme in Schulterhöhe zur Seite beim Einatmen und öffne deinen Brustkorb, die Knie strecken sich und der Körper weitet sich nach oben. Beim Ausatmen führst du die Arme und Hände wieder parallel an der Körperseite zurück nach unten. Die Handflächen zeigen nach unten. Dann wiederholst du die Arm- und Atembewegungen, solange sie dir guttun.

**Magen- und Milzwellness:** Bring deine Hände auf Magenhöhe. Beim Einatmen bewegst du deinen rechten Arm mit der Handfläche nach oben, der Blick geht zur Seite, während die linke Hand mit der Handfläche nach unten/hinten geht, so als ob du vor dir ein imaginäres Gummiband streckst, ohne den Ellbogen oder die Schultern durchzustrecken. Die Dehnung ist im Oberbauch spürbar. In der letzten Bewegungsausführung ergibt sich im Kopf und im Oberkörper eine leichte Rotation nach rechts … dann umgekehrt, beim folgenden Einatmen geht die linke Hand nach oben und die rechte nach unten sowie der Blick zur anderen Seite. Wiederhole die Bewegungen ein paar Mal.

**Lungen- und Darmwellness:** Mache einen breiten Schritt zur Seite, kippe leicht dein Becken. Überkreuze deine Arme und spanne/strecke (ein Arm gespannt, einer gebeugt) deine Arme nach links, so als ob du einen Bogen spannst. Beim Einatmen spanne deinen imaginären Bogen. Beim Ausatmen lässt du ihn los, und deine Arme kommen zur Körpermitte über Kreuz wieder zusammen. Beim nächsten Einatmen wechselt du die Richtung.

Komm zum Schluss mit deiner Konzentration und deinen Händen wieder zurück zur Körpermitte und lege sie auf deinen Oberbauch. Atme zwei- bis viermal tief durch. Dankbarkeit erklingt vielleicht in dir. Löse die Hände und komm zurück zum Hier und Jetzt. Lächle.

In unendlicher Liebe und Verbundenheit
Dein Körper

# Die Gehirn-Darm-Verbindung

Ein gutes oder schlechtes Bauchgefühl nicht ernst zu nehmen, wäre nach den heutigen wissenschaftlichen Erkenntnissen ziemlich fahrlässig. Unser Körper ist ein Faszinosum mit vielfältigen Zusammenhängen und Wechselwirkungen, voll von Funktionalität und Gefühl. Wenn du Kummer hast, kann er dir auf den Magen schlagen und weitergehen bis zum Darm oder sogar zu den Haar- und Fußspitzen. Die Muskeln, die Haut oder die Darmschleimhaut zum Beispiel reagieren immer auf chronischen Stress. Du wirst merken, dass deine Muskeln angespannter sind, deine Verdauung gestört oder unregelmäßig ist, du ungute Gefühle hast oder dein Immunsystem geschwächt ist. Manche Symptome, wie Allergien, Asthma, Stimmungsschwankungen oder chronische Erschöpfung können auch mit der Darmgesundheit zusammenhängen. Der Darm ist direkt mit dem Nerven-, Immun- und Hormonsystem verwoben. In der Darmschleimhaut sitzen 80% unserer Immunzellen. Unsere Darmzellen mit den vielen verschiedenen (guten) Bakterien fungieren wie hochsensible Sensoren, die allerlei wahrnehmen und über eine direkte Verbindung ins Gehirn Informationen senden. Sie steuern nicht nur deinen Appetit oder dein Schlafverhalten. Mit ihren Botenstoffen haben die kleinen, machtvollen Wesen direkten Einfluss auf deine mentalen und emotionalen Prozesse, also auf Dein Denken und Fühlen. Natürlich nicht nur sie allein.

Beachte, es handelt sich um komplexe Wechselwirkungen im systemischen Sinne. Mechanistische, einfache Erklärungsansätze, wie zum Beispiel alles liege an den Darmbakterien und man brauche sich nur allerlei Nahrungsergänzungssubstanzen oder „gute" Pilze zuführen, um seelische Probleme zu lösen, führen in die Sackgasse und sind gefährlich. Beim komplexen Wechselspiel ist es wie in einer Familie, einer Firma, einem Netzwerk auch, viele kleine Teile ergeben ein großes Ganzes und das ist mehr als die Summe seiner Teile. Es findet Austausch, Beziehung und Synergie statt.

## Der Vagusnerv

Bei der Kommunikation zwischen Hirn und Darm spielt insbesondere eine geniale Instanz im Körper eine große Rolle, der Vagusnerv, der anatomisch und neuronal Hirn und Darm verbindet. Der Vagus ist der größte Hirnnerv. Er gehört zum autonomen Nervensystem, das ganz eigenständig agiert und nicht willentlich gesteuert wird. Über den Vagusnerv werden deine Stimme, Gestik, Mimik, die Entspannung, der Schlaf oder diverse Stoffwechsel- und Immunprozesse mitgesteuert. Wenn er aktiv ist, ist die stimmige Kommunikation innerhalb des Körpers und mit der Welt einfacher. Bei Aktivierung kann er gut auch deine Organe und das Nervensystem nach Stressphasen beruhigen.

Der Vagusnerv überträgt Gefühlsinformationen, denn er ist eng mit dem limbischen System, deinem Zwischenhirn, verbunden. Entzündungsprozesse im Körper werden über das Vagussystem gesteuert. Es beeinflusst sogar die Hormonlage im Körper und im Darm. Wuss-

# 2SACHT-Körperübung

„Stell dich gut ausbalanciert und etwa hüftbreit hin. Dein Gewicht liegt etwas mehr auf dem Vorderfuß, die Fuß- und Kniegelenke sind flexibel. Du kannst deine eigene Körpermitte mit flächigen Händen rundherum ausstreichen. Die Mitte, also etwa die Körperregion zwischen Magen und Nierengegend, bildet eine Art inneres Zentrum für diese Atemübung. Von ihr gehen die Bewegungen in alle Richtungen aus, und hier binden wir das Empfangene von der Erde und dem geistigen Raum über uns an.

Lege zu Beginn deine Hände auf die Körpermitte, die Fingerkuppen zeigen zur Wirbelsäule. Dann gebe in den Knien etwas nach. Neige dich leicht nach vorne, sodass Oberkörper, Arme, Nacken und Kopf, Kiefer und Kehle sich entspannen können. Die Fingerkuppen beginnen mit der Bewegung nach unten, auf der verlängerten, vertikalen Linie der Wirbelsäule. Unten angekommen, beschreibst du mit offenen, empfangenden Händen seitlich der Füße von der Ferse bis zum großen Zeh einen weit ausladenden Kreis (Elefantenohren). Du nimmst die Kraft der Erde zu dir und bindest sie an deine Mitte an. Während der achtsamen Aufrichtung begleiten deine Finger die Bewegung vorn auf der Mittellinie des Körpers zurück bis zur Körpermitte.

Nun beginnen sich die Fingerkuppen mit einer Bewegung nach oben an der Wirbelsäulenlinie entlang nach oben zu bewegen, öffnen sich in den offenen Raum über dir (beide Arme sind waagerecht gestreckt), empfangend für die Qualität des oberen (geistigen) Atemraums, finden wieder zusammen und führen die Bewegung vor der Wirbelsäule zurück bis zur Mitte.

Im nächsten Schritt kannst du dich mit diesen Kräften in die Welt stellen. Von der Mitte ausgehend beschreiben die Hände eine

Bewegung nach vorne in den Raum, öffnen, ohne Überdehnung und Spannung in den Armen, seitlich in die Horizontale - hier stehst du als Mensch zwischen Himmel und Erde - offen in der Welt und für die Welt - und bringst die Qualität des Empfangenen wieder zur eigenen Mitte zurück. Der Atem findet nach einer gewissen Übungszeit seinen Rhythmus, fließt und begleitet die Bewegung. Mit den Händen auf der Mitte die eigene Atembewegung erleben, die Verbundenheit spüren, damit losgehen in die Welt und daran teilnehmen."

test du, dass im Darm die höchste Anzahl unserer körpereigenen Glückhormone (z.B. Serotonin) zu finden sind?

*„Der Vagusnerv verbindet Darm und Hirn – eine geniale Kombination."*

Mit einer gesunden, ausgewogenen Ernährung, die weniger auf das Sattwerden ausgerichtet ist als auf einen ausbalancierten Nährstoffgehalt, werden die Grundlagen für die Bildung deiner Neurotransmitter gelegt, die für Aufmerksamkeit, Konzentration, Handlungsplanung, Glück, Flow oder Entspannung zuständig sind. Es braucht andere Helfersysteme (inner- und außerhalb des Körpers) und ein gutes Betriebsklima, den Kontext, damit sie zur Entfaltung kommen.

# Kopf- und Bauchhirnverbindung

Der Informationsfluss über den Vagus verläuft in allererster Linie von unten nach oben. Man vermutet sogar zu 80–90%. Lediglich 10–20% der Informationsprozesse verlaufen von oben nach unten, also vom Hirn in den Darm. Wir sprechen von der Kopf- und Bauchhirnverbindung. Es handelt sich um eine Art Bewusstseinsinstanz. Diese ist, wie das logisch rationale Bewusstsein auch, sehr weise, nur dass diese Weisheit unabhängig vom Verstand stattfindet. Das Bauchgefühl gibt es wirklich. Deswegen ist eine Bewusstseinserweiterung bezogen auf den Körper und die Sinne sowie die Wechselwirkungen mit der Psyche und der Gefühlswelt in der Pädagogik, im Coaching oder in der Therapiearbeit so wichtig. Mithilfe von körperbezogenen Übungen bzw. körpertherapeutischen Interventionen kommt man oft weiter, wenn im Kopf (Verstand, Verständnis, Problemfokus etc.) etwas blockiert ist. Es ist möglich, sogar mehr oder tiefere Bewusstseins- und Veränderungsqualitäten zu erreichen als mit reinen Gesprächsangeboten.

Die 2SACHT-Körperübungen aktivieren den Vagus positiv, stärken die Hirn-Darm-Körperverbindung und beruhigen dein Nervensystem. Einige wertvolle Übungen kennst du bereits, wie zum Beispiel die vorgestellten Atemübungen.

Eine weitere Atemübung siehst du auf Seite 94. Sie heißt die Kosmische Übung und stammt aus der Atemtherapiearbeit nach Ilse Middendorf aus Berlin, die leider mittlerweile verstorbene Grande Dame der westlichen Körperarbeit. Ich zitiere ihre Schülerin und begabte Atemtherapeutin Gertrud Kutscher.

# Lachen

Humor hilft ja bekanntlich heilen (Hirschhausen). Lachen und Weinen liegen oft eng beieinander. Über ein ehrliches und beherztes Lachen kann Stress abgebaut werden. Lachen macht die Welt schöner. Beim Lachen hüpft deine Atmung und nicht nur dein Zwerchfell feiert das. Es regulieren sich dein Stoffwechsel, insbesondere die Atmung und der Herzschlag. Die Herzkranzgefäße entspannen sich und Schmerzempfindungen werden deutlich geringer. Das Lachen benötigt manchmal das Kind in dir, das sich anstecken und begeistern lässt, und hin und wieder auch den erwachsenen Abstand (die Distanz zum Problem). Ich habe selten so viel Humor in hohen Dosen erlebt, wie in Kontexten von Schwere und Ohnmacht, am Ende von Trauerfeiern, in der Pflege, im Hospiz, in der Psychiatrie oder der Kinder- und Jugendhilfe. Da ist der Humor auch ein Überlebensvorteil, nicht nur für die Betroffenen, sondern auch für die Profis.

Dr. Hirschhausen betont: „Humor beginnt da, wo der Spaß aufhört. Humor ist nichts Oberflächliches, sondern das tiefe Verständnis davon, dass Dinge manchmal nicht zu ändern sind. Verschenkt, wo ihr könnt, ein Lächeln, und wo es passt eine Umarmung." (Aus dem Memo zur Vorlesung vor Medizinstudenten von Eckart v. Hirschhausen am 1. Juni 2016 in Frankfurt/Main).

*„Humor beginnt da,*
*wo der Spaß aufhört."*

**Eckart von Hirschhausen**

In einer komplexen Welt ist Verrücktsein manchmal das Normale. Verrücktes macht Grenzen deutlich und hat ein enormes kreatives Potenzial. Das habe ich in meiner Arbeit in der Psychiatrie erfahren. Ich gebe offen zu: Ich habe eine Schwäche für Verrücktes, Sonderbares und Sonderlinge. Nicht nur, dass der Humor oft dort angesiedelt ist, auch die Kreativität, das Innovative und die geballte Ressourcenkraft. Ich lade dich ein, deine verrückte Seite wieder entdecken und lieben zu lernen, sie zu umarmen und gemeinsam herzhaft zu lachen.

Wichtig ist, dass wir miteinander und nicht übereinander lachen. Eine gewisse Selbstironie hat auch noch nie geschadet. Lachen ist Prävention und Gesundung zugleich, sofern es nicht die Grenze zum Destruktiven überschreitet. Das schadet. Lachen schafft Verbindung und bringt oft Erleichterung. Wann hast du das letzte Mal gelacht und wann fängst du wieder damit an, mit wem, wo … Irgendwie, irgendwo, irgendwann, wenn man es nicht erwartet, dann ist es besonders schön.

## Stimme

Menschen in Berufen wie Moderation, Training, Schauspielerei und Gesang passen besonders auf ihr wichtiges Instrument auf, ihre Stimme. Sie beherrschen sie und werden von ihr beherrscht. Das solltest du dir zu Herzen nehmen, denn über deine Stimme lässt sich deine Stimmung ableiten. Sie gehört zur unbewussten nonverbalen Kommunikation und hat erheblichen Einfluss auf die Kommunikation und deine Körperregulation. Stimme erzeugt Stimmung und Resonanz. Sie steht in direktem Austausch mit dem wichtigen Vagusnerv. Bewusst eingesetzt dient sie der Beruhigung und Stressregulation, auch in Krisenzeiten. Schon einfache Laute oder Töne können einen großen Unterschied erzeugen. Wenn du beispielsweise deinen

# 2SACHT-Körperübungen zum Stressabbau und zur Ressourcenaktivierung (Klopfen)

Stell deine Füße wieder schulterbreit parallel und nimm Kontakt zum Boden auf. Lass deine Knie locker. Wippe mit den Füßen kurz auf und nieder und spüre die ganze Fußfläche und deren Kontaktflächen zum Boden. Strecke deine Arme nach oben aus und atme gut ein und aus. Strecke deinen Körper. Strecke und schüttle deine Arme und deine Hände. Lass den Atem fließen.

Führe die Hände vor deinen Bauch zusammen und reibe sie 10 Sekunden aneinander. Atme dabei tief ein und aus. Führe nun deine Arme zum Kopf und beginne mit den Fingerkuppen sanft auf deine Kopfhaut zu trommeln. Achte auf dein regelmäßiges Ausatmen. Schließe die Augen, wenn du magst, und stelle dir einen warmen Sommerregen vor. Nimm innerlich einen wunderschönen Ort wahr, an dem du frei und leicht all deine Sorgen vom Sommerregen wegspülen lassen kannst. Mit jedem Trommeln löst sich ein wenig mehr Spannung. Stelle dir vor: Anspannung und Stress werden von deinem Körper abgespült. Sie werden vom Boden, von Mutter Erde aufgenommen. Frisches, angenehm wohltemperiertes Wasser betröpfelt deinen Kopf und deinen Körper. Es ist so wohltuend, dass du vielleicht auch dein Gesicht ein wenig gen Himmel streckst.

Klopfe insbesondere mehrere Sekunden lang die Stellen über den Schläfen und zwischen den Augenbrauen an der Nasenwurzel. Klopfe sanft am Jochbein, mittig über und unter den

Lippen. Dort befinden sich wichtige Energiepunkte, die deiner Stressregulation und Entspannung dienen. Bei der sanften Klopfaktivierung kannst du schnelle, wirksame Resonanzeffekte erzielen, die bis in tiefere Bereiche des Gehirns und Körper gehen.

Streiche nun mit deinen Fingern deinen gesamten Kopf, auch das Gesicht mehrmals Richtung Oberkörper aus. Später kannst du auch die gesamte Handfläche nutzen.

Du kannst es hier beenden und nachspüren oder dir gern weiter Streichel- und Klopfeinheiten schenken.

Klopfe nun sanft deinen Hinterkopf und Nacken aus. Du kannst die Fingerkuppen und/oder Handflächen nutzen und dabei auch den Kopf etwas Richtung Brustbein senken. Der imaginäre Regen spült alle Last ab.

Bemerke, wie wohltuend es sein kann.

Klopfe weiter deine Schultern und den gesamten Brustbereich ab. Achte besonders auf die Stelle etwas oberhalb des Brustbeins. Dort befindet sich die Thymusdrüse und bei einer sanften Klopfaktivierung kannst du angststillende hormonelle Prozesse befördern.

Klopfe nun unter deinen Armen die Flanken bis zu deinem Becken mehrfach hoch und runter. Arbeite dich anschließend klopfend von der Achselhöhle beidseitig von innen herab zu den Händen und auf den Außenflächen der Hände und Arme zurück bis zur Schulter. Wiederhole das auf beiden Seiten mindestens sechs Mal.

Klopfe weiter deinen Rücken, die Brust-, Herz- und Bauchregion aus. Verändere den Druck und den Rhythmus deiner Bewegungen, wie es für dich am angenehmsten ist. Lasse den Atem weiter fließen. Alle Anspannung strömt mehr und mehr aus deinem Körper.

Streiche nun deinen Bauch und unteren Rücken wechselseitig mithilfe beider Arme aus.

Setze dann die Klopfmassage an deinen Beinen fort, indem du dich sanft nach vorne beugst. Achte darauf, dass du innen nach unten bis zu den Füßen klopfst und außen wieder hoch zurück bis zum Becken. Wiederhole das mindestens sechs Mal.

Wieder zurück im aufrechten Stand streichst du alles mehrmals sanft aus – von oben nach unten.

Halt inne und werde dir des Unterschieds in deiner Körperwahrnehmung gewahr. Lass deinen Atem frei und leicht strömen. Freier von Last und Schwere empfängst du Leichtigkeit und Freiheit, fühlst dich verbunden mit oben und unten, mit dir und deinem Körper, genießt und sinnst nach. Vielleicht zaubert das Ganze auch ein Lächeln auf dein Gesicht.

Anhören: www.sacht-institut.de/2sacht-klopfen.html

Ausatem mit einem „sch …" verlängerst, dann förderst du deine Entspannung.

*„Mit einem Summen kannst du dich und andere beruhigen. Die Hirnforschung belegt: Singen macht glücklich und gesund."*

Mit einem tiefen „m … mmmmm …" vibriert sich dein ganzer Körper auf Ausgleich und Resonanz ein. Töne ein „a … aahh …" und du kommst ins Staunen. Töne ein „e" und du schaffst einen nützlichen Abstand, zum Beispiel zum Sitznachbarn in der U-Bahn (auch wenn es nur leise ist). Mit einem „o … oh … om …" kommst du zu deiner Mitte und zur Ausgeglichenheit, ganz einfach und sacht.

## Klopfen, Schwingen, Hüpfen, Tanzen

Als systemische Körpertherapeutin schätze ich die Arbeit, die über den Körper geht. Damit können oft leichter Blockaden aufgehoben, Tore geöffnet und schnelle heilsame Prozesse auf seelischer und körperlicher Ebene in Gang gesetzt werden. Neben der Atemarbeit und neben Entspannungsverfahren gehören das Klopfen, Schwingen, Hüpfen, Tanzen dazu. Damit haben wir weiteres wichtiges Handwerkszeug für die Stress- und Emotionsregulation an der Hand. Den Körper haben wir immer dabei, also können wir ihn auch richtig nutzen.

Aus der Fachrichtung der energetischen Psychologie haben wir wirksame Körperübungen zur Verfügung (u.a. durch ihren Begründer Fred Gallo), die in Krisenzeiten nachgewiesen der Stärkung und Gesundung dienen können.

## Bewegung

Mit natürlicher Körperaktivität kannst du dich vitalisieren und sortieren. Was gibt es Schöneres, wenn eine digital fokussierte Phase von einem freien Blick in die Ferne oder von einer Bewegung mit vollem Sinnesrausch in der Natur unterbrochen wird. Die Augen, Ohren, Muskeln, Gelenke und Organe freuen sich. Tägliche Bewegung und mindestens dreimal wöchentlich moderate Sporteinheiten verbessern effektiv deinen physischen und emotionalen Gesundheitszustand. Bewegung stärkt dein Herz und Hirn und verlängert deine Lebenszeit, sei es durch Laufen, Schwimmen, Tanzen, Praktizieren von Gartenarbeit, Yoga etc.

Mit natürlich schwingender Bewegung kommt man auch leichter aus dem Kampf- oder Erstarrungsmodus heraus, die sich bei übermäßigen Belastungen einstellen. Der Kopf und die Gedanken werden freier, der Atem fließt. Die Bandscheiben, Gelenke und Strukturen werden entlastet und besser versorgt. Die Nährstoffe finden mithilfe der Bahnen und Teilchen im Körper ihren Weg bis in die Kapillaren der Organe und in alle Körperbereiche.

Entdecke deine nähere Umgebung, die Wege, Wiesen, Felder und den Wald für dich. Es reichen schon 20 Minuten, und der Mix aus Bewegung, Sinnlichkeit und Entspannung bewirken Wunder. Langfristig und regelmäßig fördern sie auch deine und unser aller Gesundheit. Im Rahmen des Stoffwechsels gebildete schädliche Gifte und Säuren werden bei einem Spaziergang an der frischen Luft, am besten im Wald abgebaut. Dort atmest du flüchtige Säuren ab, der Stoffwechsel wird angeregt, die Muskeln werden gestärkt. Alles im Körper, auch das Gehirn wird besser durchblutet, und die wichtige Vitamin-D-Bildung kommt in Gang.

Das Waldbaden tut nicht nur deinen Augen oder der erschöpften Seele gut. Mit den vielen Facetten von Grün, den Naturfarben und feinen Aromen tanken deine Sinne und leeren Akkus, es klärt sich dein Geist und schwingt sich in den Hirnströmen gut ein. Es entspannt sich alles, deine Immunabwehr wird gestärkt, dein Blutdruck und deine Konzentration verbessern sich. Also los geht's.

Wenn du verhindert bist, helfen übergangsweise auch deine Erfahrungen und Vorstellungsbilder zu Wald- und Bachklängen, um in erholsame Schwingungen zu kommen. Denn du hast die Erfahrung, wie es im Wald funkelt, duftet und strömt, sie steckt in dir, wie auch

## 2SACHT-Körperübung

Was du immer tun kannst: Fast alle Rechts-, Links- oder Überkreuzbewegungen, sei es über die Augen, die Arme und Beine oder den ganzen Körper oder sogar die in die dreidimensionale Richtung beim Fortbewegen, Tanzen etc. sind sehr gut für deine Gesundheit und dein Gehirn. Wenn man abwechselnd zum Beispiel den linken Ellenbogen zum rechten Knie und den rechten Ellenbogen zum linken Knie führt, dann bringt man das System kurzfristig in Chaos und gibt ihm die Möglichkeit der Neuorientierung, Neuverbindung und Vernetzung. Achte immer schön auf dein Ausatmen, denn bei Anstrengung neigt man dazu, den Atem festzuhalten. Du weißt, der neue Atemzug kommt von ganz allein. Diese Übung eignet sich besonders für die Unterbrechungen bei der Bildschirmarbeit oder bei den Hausaufgaben. Es gibt tolle Gehirnjogging-Übungen, die du einfach und ohne Aufwand in deinen Alltag integrieren kannst. Wann fängst du an?

die Klänge der Vogelstimmen und das sanfte Rauschen eines klaren, frischen Baches oder der Blätter. Kannst du die Natur schon riechen?

Wann hast du das letzte Mal getanzt?

*„Waldbaden, Tanzen oder Yoga sind wahre Immunbooster."*

Alles kurbelt den Kreislauf an, reduziert Stresshormone, befeuert Glückshormone und die Beziehung und senkt deutlich das Demenzrisiko.

Wer nicht tanzen mag, kann klein anfangen mit dem Schwingen, Schunkeln, Schaukeln oder Trommeln, auch das bewirkt im Gehirn und im Körper ähnliche Effekte. Schwingen und sanftes Schaukeln fördern Sicherheitsgefühle, Selbstregulation und die Stabilität deiner Nerven. Ältere Menschen fühlen sich beim Schunkeln – während die Musik ihrer Jugend gespielt wird – wieder viel vitaler. Demente haben klare Phasen und alte Erinnerung werden wach. Natur, Musik und Bewegung müssen unbedingt in unsere pädagogischen und pflegerischen Räume aufgenommen werden. Sogar wenn Menschen großem Stress, Gewalt und Ohnmacht ausgesetzt waren, nutzt man die vorigen Übungen und die heilsame Natur zur seelischen Gesundung. Das muss in diesen Fällen jedoch gut professionell begleitet werden, damit keine unerwünschten Nebenwirkungen auftreten.

Trommeln, Tanzen und Singen können stressregulierend und meditativ wirken, das heißt die Kreativität und verbindungsstiftende Kräfte aktivieren.

*„Drei göttliche Wesen nahmen uns die Sorgen ab. Es waren Trommel, Tanz und Gesang."*

(afrikanische Weisheit)

# Ernährung und Fasten

Nicht nur unsere Psyche, auch unser Körper und unsere inneren Organe sind vielfältigen Belastungen ausgesetzt. Eine ausgewogene vitamin- und mineralstoffreiche Ernährung mit vorwiegend basischer, vegetarischer, frischer Kost trägt zur guten Versorgung deines Körpers und vor allem deiner Nerven bei. Sie ist auch dem Schutz der Umwelt dienlich, wenn die Nahrung biologisch und vor allem regional ist. Genuss darf sein und eben das Maßhalten, manchmal auch der Verzicht. So sind beispielsweise die Gesundheitseffekte durch regelmäßige Fastenkuren mittlerweile wissenschaftlich belegt. Wer zum Beispiel drei- bis viermal täglich mit drei- bis vierstündigen Unterbrechungen frisch und ausgewogen isst und einmal jährlich fastet, tut seinem Körper und seiner Seele etwas Gutes. Der Geschmack wird intensiver, die Sinne feiner und nicht nur der Darm, auch der Geist werden freier und entlastet. Die drei wichtigsten Reinigungsorgane, wie der Darm, die Leber und die Nieren, leisten täglich Schwerstarbeit und freuen sich ab und zu über kleine Erholungspausen.

Essen ist meistens auch emotional. Das kann auch zur gefährlichen Verbindung werden, wenn Gefühle über das Essen oder Nichtessen reguliert werden. Zur gesunden Gefühlsregulation findest du wertvolle Tipps in Kapitel 5.

Ich halte wenig von Pauschalvorschlägen oder Ernährungsprogrammen, da Ernährung und Verträglichkeit so individuell und vielfältig sind wie das Leben selbst. Also hör auf deinen Körper, er sendet dir Informationen, was er braucht und was ihm guttut. Eine überlastete Leber meldet sich beispielsweise über Müdigkeit, ein Völlegefühl, juckende Haut, Rückenschmerzen, einen hohen Cholesterinspiegel und eine erhöhte Infektanfälligkeit.

Auch zum Thema Ernährung gibt es Profis, die dich bei einem individuellem Ernährungsplan oder beim gesunden Fasten unterstützen können. Eine Fastenauszeit in deiner Nähe entlastet nicht nur Körper und Seele, sondern auch die Umwelt (im Gegensatz zum ressourcenaufwendigen Tourismus).

*„Fasten bringt auch die Seele wieder zum Leuchten."*

Weil ich so gern genussvoll esse, war ich lange Zeit dem Fasten gegenüber kritisch eingestellt. Ich habe genug Belastungen zu stemmen und brauche dafür Energie. Selbstkasteiung, was das Fasten lange für mich war, schien kein gangbarer Weg für mich, bis ich nach einer schweren Phase von Schicksalsschlägen, übermäßiger Kraftanstrengung erschöpft und ausgelaugt war. Ich fuhr für eine Regenerationsauszeit in den Schwarzwald. Dort erfuhr ich von den heilenden Effekten des Fastens[7]. Vorübergehend aufs Essen zu verzichten, hat enormes Gesundheitspotenzial. Viele Studien belegen, dass Fasten die Folgen vieler chronischer Krankheiten mildert. Es bringt auch

7 Hildegard Blum, Landhaus am Schellenberg, Zeit für S'ICH. Dr. med. Helmut Lützner (2019): Wie neugeboren durch Fasten. Prof. Dr. Andras Michalsen (2020): Mit Ernährung heilen.

unsere Seele wieder zum Leuchten. Die Fastenleiterin Hildegard Blum erklärt das folgendermaßen:

„Das Gehirn benötigt Energie in Form von Glukose oder Fruktose. Erhält der Körper keinen Nachschub in Form von Nahrung, greift er auf das gespeicherte Glykogen in der Leber und den Muskeln zurück. Nach spätestens 48 Stunden sind beim klassischen Fasten die Speicher aufgebraucht. Nach dem anfänglichen Hungergefühl und negativer Stimmung setzt langsam ein Hochgefühl durch erhöhte Serotonin- und Adrenalinausschüttung ein." (Ähnlich dem Hochgefühl beim Verliebtsein, da kann man auch zumindest zeitweise von Luft und Liebe leben.)

„Ist der Zuckerspeicher geleert, stellt der Körper auf andere Methoden zur Energiegewinnung um, nämlich auf Eiweißverbrennung. Diese Proteine holt er sich aus der Muskulatur, bis er nach kurzer Zeit daran geht, auch Fett abzubauen. Nach ein paar Tagen läuft die Energiegewinnung nur noch mit Fetten. Die Vorräte sollen bis zu 40 Tage halten. Wenn dem Körper feste Fastennahrung zugeführt wird, laufen die Vorgänge langsamer ab. Parallel setzt der Prozess der Ketose ein: Die Leber wandelt Fettsäuren in Ketonkörper um, die die Kohlenhydrate ersetzen. Das Gehirn wird im Notfall auch ohne Zuckerzuführung mit Energie versorgt. Im Laufe einer längeren Fastenkur werden alte funktionsuntüchtige Zellen aufgelöst und durch neue Zellen ersetzt. Fasten stimuliert die Selbstreinigung der Zellen."

Eine Fastenauszeit kann mit viel Ausruhen, Entspannung, Naturgenuss, Luft- und Waldbaden oder Wandern zu einer wundervollen Erfahrung werden, die nicht nur körperlich spürbar ist. Es sind Energie, Raum und Zeit da für die Farben und Leuchtkräfte der Seele.

# 5. Leuchtkraft:

## Gefühle

# Bedürfnisse beachten

Wenn du mit deinem Körper gut in Kontakt bist, dann öffnen sich die Türen auch für deine Bedürfnisse und Gefühle. Oft haben Menschen gelernt, sie zu verdrängen. Verdrängung an sich kann eine gute Bewältigungsstrategie für eine gewisse Zeit sein, um im Regelwerk des Alltags gut zu funktionieren. Irgendwann jedoch kommen häufig verdrängte Dinge, die für deine Seele wichtig sind, ans Tageslicht. Sie können sich in Form von Unwohlsein, Unzufriedenheit, Gereiztheit, emotionalen Ausbrüchen, Konflikten oder Symptomen auf körperlicher Ebene zeigen. Sich bewusst zu machen, was da in dir passiert, wäre ein sinnvoller Weg im gesunden Umgang mit diesem komplexen Allerlei.

Alle Menschen haben Bedürfnisse. Bedürfnisse besitzen eine große Macht und beherrschen eine hohe Verkleidungskunst. Oft mit bloßem Auge nicht sichtbar oder durch kognitive Ablenkung nicht spürbar, sind sie jedoch immer vorhanden.

Ähnlich wie der Mond, der scheinbar zu- und abnimmt, beeinflussen sie fast alles und haben eine große Kraft. Eine Kraft, die alles verändern kann und für Ausgleich oder Rhythmus sorgt. Die Bedürfnisse sind sehr unterschiedlich von Mensch zu Mensch, von Situation zu Situation. Grundsätzlich sind sie jedoch alle gleich. Sie einen alle Menschen, egal wie alt, welcher Herkunft, Kultur, ob Frau oder Mann, Baby oder Greis. Bedürfnisse sind die Verbindungsseile und Verbindungstore. Wenn du sie vollumfänglich achtest, dann verdienst du fast den Friedensnobelpreis oder den für Medizin und Psychologie zusammen. Lass mich das kurz erklären. Ein einfach zu verstehendes Modell hat der Psychologe Abraham Maslow in den 1960er-Jahren der Welt geschenkt. Seine Bedürfnispyramide zeigt und ordnet die Bedürfnisse von Menschen.

# Bedürfnispyramide

**Grundbedürfnisse** Beginnen wir mit der ersten Ebene, den Grundbedürfnissen. Ohne genug Sauerstoff zum Atmen, Platz zum Leben oder Schlafen, ohne Essen, Trinken oder auch die Fortpflanzung geht gar nichts.

**Höhere Bedürfnisse** Dann folgt die Ebene der „Sicherheits- und Schutzbedürfnisse". Der Sicherheit und dem Sozialem habe ich am Anfang des Buches ein Kapitel gewidmet. Die Befriedigung der sozialen Bedürfnisse, also nach Liebe, Verbundenheit oder nach dem Eingebundensein in eine Gruppe verschafft nicht nur Überlebensvorteile, sondern ist auch Gehirntreibstoff. In Zuständen von positiven Gefühlen, Interesse, Liebe etc. sind wir lernfähiger als in Zuständen von Unsicherheit, Panik oder Angst. Es werden vom Nerven- und Hormonsystem Botenstoffe aktiv, die sowohl Lernen und Entwicklung ermöglichen als auch Immunabwehr und Bindung verstärken. Das hat sogar Einfluss bis auf die strukturelle Ebene, das heißt, dass Nervenzellen sich besser vernetzen und austauschen, ja sogar mehr feuern. Menschen werden neugieriger, offener, flexibler, vertrauen mehr und sind dadurch auch schlauer. Ein gutes seelisches Gleichgewicht, das auch durch soziale Eingebundenheit gefördert werden kann, hat sogar Einfluss auf alle Stoffwechselprozesse im Körper bis hin zum Darm, unserem „zweiten Gehirn". Es ist möglich, mit Verbindungskraft die großen, schweren Brocken des Lebens besser zu verkraften, zu verdauen und zu verstoffwechseln, also als Energie nutzbar zu machen. Dann ist man ein sogenannter schlauer Verdauer, zum Beispiel von Krisen, und hat viel Wertschätzung verdient. Überhaupt sind Anerkennung und Wertschätzung sehr wichtig. Besonders, wenn es zu wenig davon gibt, macht das krank: seelisch und körperlich. Also achte darauf und beginn bei dir selbst. Anerkennung, Wertschätzung und würdevolles Handeln und Kommunizieren sind in einer sonst defizitgeprägten Kultur weitere Immunbooster. Wenn diese ganzen Defizitbedürfnisse erfüllt sind, so Maslow, dann kommen Menschen ins seelische Wachstum. Später wurden die spirituellen Bedürfnisse von Menschen in seinem Modell ergänzt.

**Pyramide als Hierarchie** Aus dieser Sicht bedeutet es, dass zunächst die jeweiligen Stufen erfüllt sein müssen, bevor der Mensch die nächste (höhere) Stufe erreichen kann. Auch das ist ein Konstrukt, ein hilfreiches, wie ich finde. Wenn zum Beispiel die Nahrungsbeschaffung gefährdet ist und damit die Existenz, können Menschen sich schwerlich sicher fühlen oder sogar Anerkennung für andere aufbringen, geschweige denn sich selbst verwirklichen. „Erst das Fressen, dann die Moral", so Bertolt Brecht. Das gilt auch, wenn die Sicherheit gefährdet ist. Somit wird erklärbar (nicht entschuldbar), dass sich Menschen im Supermarkt bei Hamsterkäufen schäbig benehmen. Hier fängt die Selbstfürsorge an und stellt sich die Frage: Welche Haltung und Einstellung habe ich zu den Dingen und Geschehnissen? Von Ängsten gesteuert begibt man sich oft auf ein niedriges Niveau, wird kindlich, verliert sich und die Haltung oder man bekommt einen Tunnelblick, urteilt vorschnell und nimmt eine elitäre Position ein. Intellektualisieren ist sicherheitsfördernd, weil damit oft Ängste überspielt oder abgewehrt werden. Die entscheidende Kompetenz dabei ist: Kann ich meine (und andere) Gefühle/ Bedürfnisse erkennen, regulieren und mich nicht davon abtrennen? Als erwachsener, gesunder Mensch, ist es deine Verantwortung, welche Brille du aufsetzt (im Sinne von „welche Sicht/Haltung du einnimmst"), wie eng du mit dir selbst in Kontakt bist, wie gut du deine Gefühle regulieren kannst und ob du dich für den Optimisten oder den Pessimisten in dir entscheidest. Das macht einen großen Unterschied im Umgang mit Krisen und für deine gesamte Gesundheit. Wer imstande ist, bei sich selbst Gefühle und Bedürfnisse zu beachten und zu kommunizieren, kann es auch leichter beim Gegenüber, und die Beziehungswelt wird einfacher und konstruktiver.

*„Bedürfnisbeachtung ist Gesundheits- und Gewaltprävention. Nichtbeachtung, Hunger oder Ausgrenzung machen aggressiv und krank. Ganz einfach. Fang im Kleinen an."*

Bei schlechter Stimmung, solltest du dich zunächst fragen: Habe ich genug geschlafen, getrunken, gegessen, mich bewegt? Ist genug Licht und Sauerstoff im Raum? Falls eines davon nicht erfüllt ist, schlägt es dir kurzfristig auf die Stimmung und langfristig auf die Gesundheit.

Das Hierarchiemodell kann man auch als gegenseitiges Wechselwirkungsmodell auffassen und die Hierarchien zugunsten von fluiden Prozessen und Sichtweisen auflösen. Ganz vereinfacht gedacht geht es beim Menschsein immer um ein Wechselspiel zwischen Verbundenheit und Autonomie. Auf beides gilt es im ausreichenden Maße zu achten. Das macht glücklich, gesund und stiftet Vertrauen sowie Selbstwirksamkeit.

Manfred Max-Neef[8], ein Right-Livelyhood Award-Träger und World Future Council-Mitglied postulierte mit seinen Kollegen folgende wichtige Bedürfnisse für ein friedliches Zusammenleben, der Freisetzungen von kreativen Potenzialen und einer menschenwürdigen nachhaltigen Ökomomie:

- Grundbedürfnisse (Nahrung etc., Arbeit, mentale und körperliche Gesundheit, Anpassungsfähigkeit, Humor)
- Schutz
- Zuneigung (Emotionen, Familie, Partnerschaft, Freundschaft, Naturverbundenheit)
- Verstehen
- Teilhabe (Interaktion, Respekt, Feedback, Zusammenarbeit, Verantwortung, Pflichten)
- Muße, Müßiggang, Erholung (Entspannung, Spiel, Natur, Spaß, Seelenfrieden)
- kreatives Schaffen
- Identität (Werte, Kultur, Selbsterkenntnis, Diversität)
- Freiheit (Möglichkeiten, Offenheit, Toleranz)

Wer imstande ist, bei sich selbst Gefühle und Bedürfnisse zu beachten und zu kommunizieren, kann es auch leichter beim Gegenüber, und die Beziehungswelt wird einfacher und konstruktiver.

**Sexualität** Aber zuerst, widmen wir uns doch der schönsten Nebensache der Welt, der Sexualität. Sie gehört zu den Grundbedürfnissen von Lebewesen. Sexualität fängt im Kopf, im Blick, einer zärtlicher Berührung und beim Küssen an. Sex ist wie Glück auch,

8 Manfred A. Max-Neef, Antonio Elizalde, Martin Hopenhayn. Human Scale Development: Conception, Application and Further Reflections. New York/London; 1991)

medizin-psychologisch betrachtet, eine stressige Extremsituation. Das rauschhafte Gefühl kann eine Hauptwirkung mit großen Nebenwirkungen sein. In Extremsituationen gerät vieles aus dem Gleichgewicht. Einmal, damit so etwas wie Rausch oder Glück erlebt werden kann. Das ist sinnvoll, um Gewohntes zu verlassen und Neues zu beginnen. Andererseits gibt es im Alltag oder in Krisenzeiten auch Gleichgewichtsstörungen, zum Beispiel auf der Beziehungsebene: Einer will, der andere nicht oder beide wollen, aber sie können nicht, da die Kinder da sind oder die Partner an unterschiedlichen Orten sind.

In krisenhaften Zeiten mit großem Verunsicherungen und Stress ist viel los im Kopf und wenig im Schlafzimmer. Die Energie geht hin zur Problembewältigung und meist weg von körperlichen Bedürfnissen, stimmiger Kommunikation oder der Kunst der Verführung. Stress macht meist sexmüde. Dabei kann der Kopf gerade in stressigen Zeiten in körperlicher Zuwendung Beruhigung oder ein entspannendes Ventil finden. Nun ist das ziemlich paradox, was seelisch und körperlich passiert. Während in Stresszuständen ein Hormoncocktail aus Adrenalin, Noradrenalin und Kortisol im Körper durchrauscht und uns für schnelle Entscheidungen und Handlungen aktiviert, schaltet sich das parasympathische System, also die Entspannung, Verdauung und auch die Sexualität auf Sparflamme. Nicht selten leiden Hochleistungsträger unter lang anhaltendem Libidoverlust. Andererseits können mit Erotik und Sex Stresshormone abgebaut und Bindungshormone aufgebaut werden, die Entspannung, Ausgleich und Wohlgefühl bringen. Diese Bindungshormone sind wichtig für eine gelingende Beziehung, die Familienplanung und unsere Immunabwehr.

Psychologen unterscheiden (reduziert auf hormonelle Wechsel-Wirkungen) zwischen der sog. Adrenalin-/Dopamin-Liebe, die die Euphorie und Wildheit des Anfangs, die überströmende Verliebtheit, das unwiderstehliche Begehren des Fremden und das Nicht-voneinander-lassen-Können beinhalten und der Oxytocin-Liebe, die

Bindung, Vertrautheit oder tiefes Einlassen und Verbinden ermöglicht. Viele Menschen, gerade diejenigen in langen Beziehungen, wünschen sich die Adrenalin-Liebe zurück und finden sie manchmal, sei es bei sich zu Hause, in der Fantasie, im Roman oder Liebesfilm, in einem Song oder beim Fremdgehen. Den Reiz des Neuen kann man auch in der Beziehung erfahren, wenn man sich selbst kennenlernt, offen bleibt und sich immer mal wieder fragt, was man braucht und was einem gut tut und dabei nicht den Partner vergisst. Zur gelingenden Sexualität habe ich noch mehr im Kapitel Sinnlichkeit geschrieben.

## Gefühle erkennen, verstehen und konstruktiv gestalten

Wer kennt sie nicht, die Stimmungsschwankungen, das Achterbahnfahren oder das große Kino der Gefühle. Gefühle sind, wenn man so will, Übersetzer, Sprachrohre für Bedürfnisse. Stimmungen und Gefühle sind Resonanzphänomene. Sie drücken etwas Wichtiges aus und brauchen Beachtung. Gefühle gehören zur seelischen Realität oder zum Konstrukt. Stiefmütterlich behandelt und unterdrückt entwickeln sie eine enorme Kraft und Macht.

*„Das Wetter und meine Launen haben wenig miteinander zu tun. Ich trage meinen Nebel und Sonnenschein in meinem Inneren.“*

(Blaise Pascal)

Stimmungen und Gefühle sind die Würze des Lebens. Sie zu kennen, zu nutzen und zu gestalten, kann sehr vernünftig sein. Zugegeben, sie sind nicht immer leicht zu entschlüsseln, fallen öfter mal über einen her und lassen sich wahrlich schlecht steuern. Sie sind jedoch große Ressourcen und haben viele Auswirkungen in alle denkbaren Richtungen. Sie ändern sich wie das Wetter, bäumen sich zu hohen Wogen auf oder schlummern tief unter einer spiegelglatten Oberfläche. Sie spielen sich im Gehirn und im Körper in anderen Bereichen ab als die Vernunft, der Verstand oder die Erkenntnis. Das ist gut so, aber nicht immer steht die Verbindung.

# SACHT-ACHT nach Renner (Ressourcen-ACHT)

Um auch hier wieder Klarheit ins komplexe Diffuse zu bringen, habe ich sowohl mein Herz geöffnet als auch den Verstand eingesetzt, um eine Brücke zu schlagen und die SACHT-Ressourcen-ACHT entwickelt. Es handelt sich um ein Modell, eine liegende ACHT, die mir und vielen Menschen hilft, Gefühle und Stress zu erkennen, zu verstehen, in sinnvollen Zusammenhang mit den Herausforderungen und der Situation zu setzen; das Ganze vor allem konstruktiv zu beeinflussen.

Die SACHT-ACHT ist wie eine Brille, durch die du schauen kannst, um deinen Stress und deine Gefühle besser einzuordnen. Sie macht komplexe, oft unbewusst ablaufende Prozesse einfach verstehbar und bietet nützliche Erklärungshilfen, genau wie eine Landkarte im Straßenverkehr oder der Tacho zur Geschwindigkeitsanzeige. Die SACHT-ACHT hilft vorzusorgen, bevor das System in den roten Bereich kommt, und erklärt, was wie passiert im sozialen und inneren Geschehen und wo gefährliche Grenzen überschritten werden. So ist sie nicht nur Richtungsweiser für konstruktive Prozesse, sondern mit ihrer Hilfe kann man eine nützliche Distanz zum emotionalen Geschehen, zur eigenen Betroffenheit und zum Gefühlten einnehmen. Gleichzeitig kommt man mit dem Modell besser in Verbindung zu Bedürfnissen, Ressourcen (Quellen) und Lösungsoptionen. Alle Phänomene werden im Modell als „Ressourcen und Aufmerkversuche“ verstanden, weil sie u.a. auch ein Bedürfnis ausdrücken, das noch nicht gestillt ist, oder weisen auf Krisen hin, die noch nicht konstruktiv bewältigt sind. Gefühle kann man als „Übersetzer“ für Bedürfnisse verstehen. Sie helfen, zu begreifen, was Menschen brauchen, wonach sie streben. Sie helfen, zu beachten, wenn es Unstimmigkeiten gibt und es Zeit wird, etwas zu verändern. Ganz einfach.

Die liegende ACHT unterscheidet konstruktive, also da wo etwas entsteht von destruktiven, wo etwas kaputt geht, Phänomenen und Prozessen. Sie kann wie eine Brille auf der Nase genutzt werden, um achtsamer zu werden, etwas genauer zu erkennen und handlungsfähig zu bleiben. Das Modell ist wiederum in dreimal acht Phänomenbereiche unterteilt, die Gefühlsphasen, die beschreiben, wie Flow, Stress, Konflikte und Aggressionen, aber auch Innovationen entstehen. Sie enthält Beschreibungen für Ressourcen und Kompetenzen im Umgang mit Anforderungen, Spannungen oder Widersprüchen. Auch das Wechselspiel mit dem Gegenüber oder der Kontext, wo sich etwas abspielt, wird in der ACHT beachtet. Mit ihrer Hilfe kann man Menschen, abholen, wo sie emotional stehen und wirksame Maßnahmen für konstruktive Kommunikation, Selbstfürsorge und systemische Gesundheit (Ich, Du, Umfeld) herleiten. Du bekommst mit dem Modell auch eine Idee zu deinen emotionalen Beziehungserfahrungen aus deiner Biografie und deinem System, denn diese setzen sich oft über Generationen fort. Damit kannst du dich, deine Beziehungen, den Kontext, das Jetzt und die Zukunft gestalten.

Wenn man so will, ist die SACHT-ACHT auch dreidimensional, da sie Erfahrungen auf persönlicher und kollektiver Ebene veranschaulicht, und man versteht, dass jeder konstruktive Beitrag (und leider auch Destruktives) zählt. Sind genügend konstruktive Gefühlskompetenzen (wie Freude, Flow, Kompetenzen im Umgang mit Enttäuschungen, Frust, Ärger, Wut und Trauer) individuell oder im System vorhanden, ist jede Krise (fast immer) mit einem Klacks zu meistern. Ist die Grenze in den destruktiven Bereich überschritten und gibt es Erfahrungen im destruktiven Bereich, dann haben diese Phänomene auch ein Art Sogwirkung.

**Hier ein Beispiel:** Wird man in einer Krise nicht allein gelassen, erfährt Trost, wurden Krisen schon früher einmal gesund gemeistert oder hat jemand im System eine Vision oder zumindest einen Hoffnungsschimmer, dann ist der Weg frei für seelische und körperliche Gesundheit.

Andererseits wähle ich für Destruktives gern ein Beispiel vom Schulhof. Gibt es im sozialen Miteinander ein hohes Maß an Angst oder Ausgrenzung, vielleicht auch noch hier und da die Aussage „Du Opfer“ als Spruch, dann fällt das schon unter Anklage, Demütigung im destruktiven Bereich, und es wird ziemlich schnell „normal“. Jeder ist froh, wenn er nicht so genannt oder behandelt wird. Untersuchungen haben ergeben, dass die Gefahr steigt, lieber selbst ein Täterverhalten zu übernehmen, um nicht selbst „Opfer“ zu werden. Somit ist das Tor offen für weitere destruktive Haltungen und Handlungen, wenn sie nicht gestoppt, reflektiert und sinnvoll (systemisch) integriert und gewandelt werden.

Die SACHT-ACHT enthält auch Hinweise für alle Beteiligten im System, zum Beispiel was man als Eltern, Lehrkörper oder Führungskraft tun kann.

## Linke Seite der ACHT

Wenn du magst, nehme ich dich jetzt mit auf eine kurze Achterbahnreise in die SACHT-ACHT für einen ersten Überblick. Beginnend mit der linken Seite der Acht erfährst du nun Genaueres zu den konstruktiven Ressourcen, gegliedert in:

- Erwartung
- Interesse
- Energie
- Innovation

**Wünsche und Erwartungen** Wenn man in seiner Mitte ist und viele gute Erfahrungen gemacht hat, dann stärkt das unseren Selbstwert und nährt unser Innerstes. Vertrauen kann wachsen, auch bezogen auf Veränderungen und neue Situationen.

In uns gibt es auf seelischer Ebene ständig einen Abgleich der Reize von außen und den inneren Bedürfnissen, Erfahrungen und Fähigkeiten. Aus dieser Bilanz von äußeren und inneren Anforderungen, Bedürfnissen und Werten, die du hast, ergeben sich im günstigsten Fall positive Erwartungshaltungen. Sie zeigen sich grundsätzlich in einer offenen Grundhaltung, das heißt, du nimmst die Dinge an, wie sie kommen, auch wenn es sich um Veränderungen handelt. Du hast Wünsche, Träume oder Visionen. Dazu gehören positive Gedanken, Vorstellungs- oder Zukunftsbilder, Hoffnung haben oder einen Sinn sehen. In schwierigen Zeiten ist es wichtig, dass wenigstens einer im System eine Vision hat und an das Gute glaubt. Das kann schon den entscheidenden Unterschied machen, was auch prominente Beispiele aus der Geschichte, wie Mahatma Gandhi, Nelson Mandela, Greta Thunberg oder die Friedensnobelpreisträgerin Malala, gezeigt haben und natürlich die vielen Menschen und Familien, die überwältigenden Stress, Unfälle, Überfälle, Flucht, Vertreibung, Kriege und andere Traumata überstanden.

Zu positiven Erwartungen gehört auch die Hoffnung. Wer hofft, glaubt an die Zukunft und daran, dass es besser wird. In der Hoffnung gibt es Gelegenheit, sich für tiefere Sinnfragen zu öffnen. In Krisen zu hoffen, bewirkt manchmal, dass wir uns erst dann tiefen Fragen und der Sinnsuche stellen, die wir sonst aufschieben würden. Kunst und Musik, also die Kultur, trägt maßgeblich dazu bei, Hoffnungen, Sinn und Gemeinschaft zu stiften. Sie verbinden über die universelle Sprache und die konstruktiven Energien. Kunst- und Kulturschaffende spenden leuchtstarke Lichtblicke in manch hoffnungslosen Zeiten. In den Anfängen der Coronapandemie hat zum Beispiel der klassische Künstler Daniel Hope virtuell sein Wohnzimmer geöffnet und die Welt an der fantastischen Musik, an Kompositionen aus Klassik, Pop oder Poesie teilhaben lassen. Sein Name wurde Programm, und es ging mit Hope on Tour weiter (Hope@

Home, HopeONTour). Der Leiter der Stuttgarter Dance Company, Eric Gauthier, hat mit seinem Wohnzimmerballet auf Youtube Erwachsene und Kinder zum Tanzen und Lachen gebracht. Kunst und Musik können wenigstens für einen kurzen Moment die Sorgen und Ängste ins Vergessenheitsland tanzen lassen. Ebenso kann Schweres leicht werden. Wir, ein Team aus professionellen Fachkräften, haben auf ehrenamtlicher Basis einen Onlinekongress rund um die psychologischen Phänomene und Kompetenzentwicklung in Krisenzeiten zur Umsetzung gebracht. Gemeinschaft und Kultur haben Zauberkräfte. Die Hoffnungen und Erwartungen sind erste Schritte für konstruktive Kreisläufe.

*„Ein Schimmer Konstruktives geht immer."*

(SACHT Prinzip)

**Interesse** Positive Offenheit führt in der Regel zu einem Zustand von Interesse. Du bist in der Lage, dich für etwas und andere zu interessieren, kannst dich gut konzentrieren und fokussieren. Die Einstellung ist positiv, neue Aufgaben und Projekte werden neugierig in Angriff genommen. Der Wissensdurst ist groß. Dein Engagement und deine Anteilnahme sind gesteigert. Wenn dir Interesse entgegengebracht wird, dann stärkt das wieder den eigenen Selbstwert. Anderen Menschen geht es bei deinem gezeigten Interesse ebenso, zum Beispiel wenn du das Gefühl hast, etwas wert zu sein, Anteil nimmst und offen bist oder wenn du interessierte Fragen stellst, statt immer auf Sendung zu sein. Die Kunst und Wirkung des Fragenstellens ist nicht zu unterschätzen. Wer fragt, der führt, heißt es im Management-Coaching. Mithilfe von Interesse und der Kunst des Fragens werden neue Wahrheiten, die Möglichkeit für Perspektivwechsel und Kreativität geschaffen.

**Energie** Wenn es ein gutes Maß an Offenheit, Neugier, Interesse und Miteinander gibt, dann wachsen Vertrauen sowie die Fehlerfreundlichkeit. Das schafft wieder Spielraum zum Dazulernen und Mut, um etwas Neues auszuprobieren. Beziehungen werden gestärkt. In solchen Zuständen steigt die Energie. Man kann sich noch besser konzentrieren und sprüht vor Leichtigkeit, Lebendigkeit und Kraft. Du kannst Pläne machen und sie effizient umsetzen – mit vollen Zugriff auf deine Fähigkeiten. Deine Energie verleiht dir Flügel. Du fühlst dich leicht, hochkonzentriert, kraftvoll, selbstsicher zugleich. Mit Schwung und Elan werden Aufgaben umgesetzt. Du bist happy bis hin zu Flow-Erlebnissen. Das heißt, dein Gehirn ist in einem optimalen Zustand, von Anspannung und Entspannung mit vollem Zugriff auf deine vielen Kompetenzen. Das sind positive Stresszustände, die Innovationen hervorbringen können.

**Kohärenz, Vertrauen, Zuversicht** Gute Energien, Gelungenes und positive soziale Resonanz setzen weitere Energie frei. Neue Aufgaben werden gesucht, Herausforderungen angenommen. Der Weg ist frei für positive Zukunftsbilder, Visionen und Innovationen. Menschen fühlen sich zutiefst angenommen, handlungsfähig und gestärkt. Der Stolz auf die eigenen Leistungen und Gelungenes verwandelt sich in Offenheit, Begeisterung und Sprungkraft (Motivation):Bisher ungelöste Probleme und Aufgaben werden in diesem Zustand reibungslos bewältigt, die Ideen sprudeln, Interesse für Neues und Anderes ist geweckt, Wissen, Fähigkeiten und Erfahrungen werden leicht und gern geteilt, vertieft und erweitert. Aha-Erlebnisse und Geistesblitze funkeln und funken. Auf Beziehungsebene gibt es neue Qualitäten, die Verbindungen sowie das Vertrauen stärken. Hier ist das Kohärenzgefühl in vollem Umfang erlebbar (S. 157).

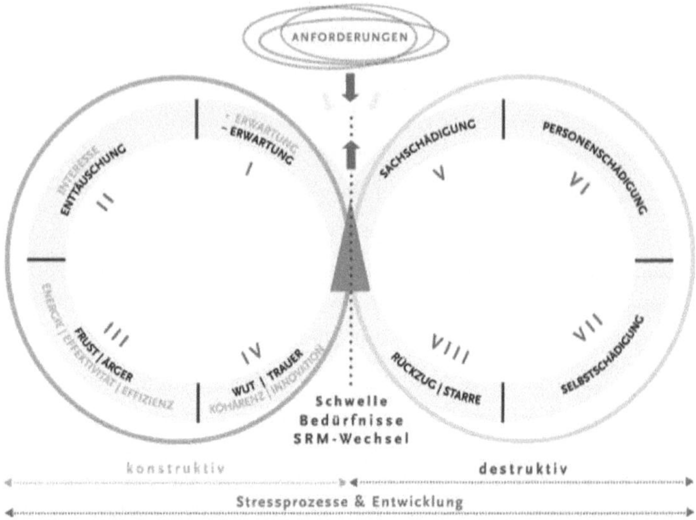


Das war der erste positive Kreislauf auf der linken Seite. Dort gibt es noch einen weiteren Kreislauf.

**Enttäuschung** Die Achterbahn geht weiter. Im Leben geht bekanntlich nicht immer alles glatt. Zum Beispiel freut man sich auf etwas oder ist positiv offen gestimmt und hat eine gewisse Erwartung, aber die angenommenen Wünsche, Vorstellungen oder Erwartungen treten nicht ein. Dann tritt man in den Enttäuschungskreislauf ein. Enttäuschte Erwartung kann Unsicherheit und Zweifel (an anderen oder sich selbst), möglicherweise auch Traurigkeit nach sich ziehen. Vielleicht äußert sie sich im körperlichen Bereich mit gesenkten Blicken, zusammengezogenen Schultern und in Form von Verspannungen. Oft führt Enttäuschungserleben auch dazu, die eigenen Bedürfnisse noch weniger wahrzunehmen oder sie aus Furcht vor weiteren Enttäuschungen ganz zurückzustellen.

Innehalten und Achtsamkeit sind nun gefragt. Das Mitteilen der eigenen Wünsche, Vorstellungen oder Erwartungen oder das Ändern unrealistischer Zielbilder sind erste Schritte, damit aus Enttäuschungen nicht Frustrationen und Ärgernisse werden. Zugegeben, Enttäuschungen mögen wir nicht. Wir wollen nicht enttäuschen oder enttäuscht werden. Lieber hätten viele Menschen dauerhafte Freude-, Glücks- und Hochgefühle. Wie realistisch ist das? Dabei sind Enttäuschungen sehr nützlich und wichtige Ressourcen. Schon im Wort „Enttäuschung" steckt der Tausch. Ohne Enttäuschungen wären wir weder entwicklungswillig noch entwicklungsbereit. Dauerhafte Hochstimmung hält unser Körper, v.a. unser Gehirn, gar nicht aus. Wir brauchen die Unterschiede, auch in den Stimmungen, um lebendig zu sein.

Nehmen wir an, du hättest im Lotto eine große Summe Geld gewonnen und könntest dir all deine materiellen Wünsche erfüllen. Du würdest dir vielleicht, nachdem du an soziale Projekte gespendet hast, ein schickes Segelboot zulegen und in den schönsten Gewässern der Welt an den traumhaftesten Stränden schippern, eine paradiesische Sicht und frisches gesundes Essen genießen, einen leckeren Cocktail schlürfen und dir täglich eine gute Massage gönnen. Du könntest alle unangenehmen Tätigkeiten delegieren und hättest Zeit für die am schönsten sinnstiftenden Dinge und Unternehmungen. So geht es einen Tag, eine Woche, einen Monat, ein halbes Jahr. Ich wette, spätestens in der dritten Woche kommen Enttäuschungsgefühle an Deck.

Nicht nur das Gehirn, auch die Seele, der Körper, die Beziehung, die Umwelt, alles braucht Abwechslung. Abwechslungen bedeuten Unterschiede und neue Erfahrungen, damit auch Kompetenzerwerb. Abwechslung ist Leben und Entwicklung. Tag und Nacht. Sauber und dreckig, Glück und Frust, das Hell und das Dunkel. Es braucht die zwei Seiten der Medaille, das Sowohl-als-auch.

## Exkurs: Locked-in-Syndrom

Schauen wir auf die dunklen Seiten im Leben. Die Enttäuschung, beispielsweise nicht gesund zu sein oder in einer Krise zu stecken. Ich nehme dich mit einer 180-Grad-Drehung vom Glücksrausch der vielen Möglichkeiten nach einem Lottogewinn auf einen kurzen Trip zur scheinbar absoluten Ohnmacht. Schauen wir mal auf Forschungsergebnisse zum Locked-in-Syndrom (Eingeschlossensein-Syndrom), wovon etwa 3000 Menschen in Deutschland betroffen sind. Diese Menschen sind vom Halswirbel abwärts vollständig gelähmt. Wenn man halbwegs gesunde Menschen befragt, dann zählen solche Lähmungszustände aus ihrer Sicht für die Lebensqualität am bedrohlichsten Zustände überhaupt. Erstaunliches erfahren wir jedoch u.a. von den Forschungen des Tübinger Psychologieprofessors Nils Birbaumer, der viel zu den Kommunikationsmöglichkeiten und psychologischen Zuständen von Locked-in-Patienten geforscht hat. Er entwickelte moderne „Befragungsmethoden" mithilfe von Augensteuerung und wurde mehrfach prämiert. Birbaumer und sein Team fanden heraus, dass die nächststehenden Angehörigen die empfundene Lebensqualität der betroffenen Patienten deutlich geringer einschätzen als die Betroffenen selbst. Die Lebenszufriedenheit der Locked-in-Patienten pendelte sich nach einer Phase der Verlustgefühle und Trauer auf ein normales Niveau ein. Die Patienten, die ihre Lage akzeptierten, konnten sich an die neue Situation gewöhnen und andere Parameter für ihre Lebenszufriedenheit entdecken und spüren. Wie wandelbar doch nicht nur unser Körper, sondern auch unsere Seele ist. Du hast es sogar in der größten scheinbar möglichen Ohnmachtssituation in der Hand.

**SACHT-2Go-Selbstcoachingfragen:**

- Mach dir eine Enttäuschung in letzter Zeit bewusst.
- Welche Erwartungen lagen der Enttäuschung zugrunde?
- Welche Bedürfnisse, Wünsche, Träume, Vorstellungen stecken dahinter?
- Wo kannst du etwas sinnvoll tauschen? Zum Beispiel die Anklage mit deinem Blickwechsel und deiner Selbstverantwortung?

**Frust, Ärger und Traurigkeit** Werden trotz einer geäußerten Enttäuschung und anderen Strategien wichtige Bedürfnisse nicht erfüllt, können Frust, Ärger oder Traurigkeit entstehen. Sorgen stellen sich ein, im Innern wachsen Befürchtungen, es könnte etwas schiefgehen. Möglicherweise schlägt der Mensch über die Stränge (z.B. Frustessen, Frusteinkäufe), beginnt mit allerlei Ersatzbefriedigungen oder ertränkt z.B. seinen Kummer in Alkohol. Intensivere Enttäuschungen wandeln sich zu Frust und Ärger. Alle Frust- und Ärgerphänomene sind auch Aufmerkversuche, um auf zugrundeliegende Bedürfnisse oder Unstimmigkeiten hinzuweisen. Sie zählen deshalb auch zu unseren Kompetenzen und Ressourcen. Gründe für den Ärger im Außen zu suchen, führt in die Sackgasse. Mit diesen Gefühlen/Ressourcen kann es deutlich werden, dass du neue Strategien und Ziele entwickeln musst, dir auch ggf. Unterstützung holen darfst, um das Geschehen zu einer positiven Bilanz zu führen. Alle exzessiven Prozesse jedoch, auch im Sport, können Ausdruck einer Selbstschädigung sein, die im rechten Bereich der Acht eingeordnet wird (siehe am Ende des Abschnitts)

**SACHT-2Go-Selbstcoachingfragen:**

- Wann, wo und mit wem erlebst du Frust, Ärger oder Traurigkeit? Stelle dir konkrete Situationen vor.
- Wer war beteiligt, wo war das und wann?
- Welches Verhalten zeigt sich bei dir, wenn du frustriert etc. bist?
- Wie erleben andere Personen dich in solchen Zuständen?
- Wo und wie kannst du den Frust, Ärger etc. abladen?
- Was ist günstig, entlastend und hilfreich und was nicht?
- Ziehst du dich eher zurück oder möchtest du Austausch?
- Welche Bedürfnisse liegen hinter deinen Frust- oder Ärgergefühlen?
- Was vermisst du ganz genau, wenn du frustiert, ärglich oder traurig bist?
- Wo und wie kannst du sinnvoll und entlastend Frust, Ärger oder Traurigkeit wandeln.

**Wut und Trauer** Können Enttäuschungen, Frust, Ärger oder Verluste nicht aufgelöst werden, stellt sich Wut oder Trauer ein, als intensivste Form von Enttäuschungskompetenzen. In solchen Stimmungslagen ist die Spannung sehr groß und der Blick auf die Ausweichmöglichkeiten dadurch verstellt. Die eigene Sicht auf die Welt (Egozentrismus), das heißt das Wahrheits- und Falschdenken, das Schwarz-Weiß-Sehen weiten sich aus. Das lässt sich hirnbiologisch auch leicht erklären. In Zuständen von Wut und Trauer sind die hirngeschichtlich älteren Teile im Gehirn aktiv (limbisches System), das heißt die Bereiche des Frontalhirns mit den Fähigkeiten des Perspektivwechsels, zur Planung oder mit Strategie- und Vorstellungsvermögen sind im Off-Modus. Die aktiven Bereiche des limbischen Systems fördern Gefühle und Handlungen, des Angriffs, der

Opferhaltung oder Starre. Kein Wunder, der Wunsch in Phasen von großer Wut „Bitte versteh doch meine Sicht auf die Dinge", kann nur scheitern, und wir überfordern uns und unser Gegenüber. Das Hirn ist dazu gerade nicht in der Lage.

*„Angst hat sich oft als Wut verkleidet."*

Manchmal steckt hinter der Wut auch die Angst. Viele Menschen haben besonders in unsicheren Zeiten das Streben nach Kontrolle, auch in Gefühlsfragen. Anstatt sich den eigenen Gefühlen zu stellen, wird die Wut auf andere abgeladen. Dann ist man kurzfristig stabil. Gefühle lassen sich nicht einfach wegkontrollieren, unterdrücken oder verlagern. Sie wandeln sich, schlimmstenfalls destruktiv und in schmerzhaften Symptomen körperlicher oder seelischer Art oder auf Beziehungsebene.

Wut und Trauer können laut und still gelebt werden (Rückzug, Trauer). Wut kann den Mantel der Trauer tragen und umgekehrt. In Beziehungen kommen in der Regel die lauten und die stillen Wutkompetenzen zusammen und erzeugen oft Konflikte und sich selbstverstärkende Kreisläufe. Die berühmte Schweizer Ärztin und Sterbeforscherin Elisabeth Kübler-Ross[9] hat fünf Trauerphasen definiert: Verleugnung, Zorn, Verhandeln, Depression und Leid sowie die Akzeptanz. Es ist wichtig, die Phasen zu kennen, damit man ihnen achtsam und würdevoll begegnen und sie in die Gesundheit führen kann.

Also was hilft? Trauer und Wut brauchen Verständnis, Beziehung, Grenzen, Schutzräume und Wertschätzung, damit sie sich nicht ins Zerstörerische wandeln (Destruktion). Der eine lebt sie still, der ande-

9 Elisabeth Kübler-Ross: Leben und Sterben lernen. Gütersloher Verlagshaus; 2009

re laut, beide aus guten Gründen, um „Schlimmeres zu vermeiden." Derjenige, der reden will, soll reden (und sich jemanden suchen, der offen ist und zuhört), es aufschreiben oder anders ausdrücken. Derjenige, der Abstand benötigt, weil ihm die Worte fehlen, braucht den Raum zur Einkehr oder einen Gang um den Block, um seine Gefühle bzw. Gedanken, Argumente zu ordnen, und dann kann er auch reden. Wenn Gefühle gelebt werden, dann beruhigen sie sich mit der Zeit, und Konstruktives kann entstehen.

*„In Wut und Trauer steckt ein enormes gesundes Energiepotenzial"*

Was kann man noch tun? Man kann sich diese Gefühle auch als Wesen oder Seiten von sich selbst vorstellen. Das geht so: Eine Seite in mir ist voll und ganz wütend. Sie sieht aus wie ein Drachen mit giftgrünen Augen, dick, grauschwarz mit feuerspeiendem Rachen. Der möchte alles fressen und zerstören. Eine andere Seite in mir ist die Besonnenheit, das Verständnis, die Liebe, fähig zur Beruhigung und Verbindung. Was brauchen beide Seiten, um stärker oder schwächer zu werden? Man kann ihnen Raum und Zeit gewähren, damit die Energie eine Daseinsberechtigung hat und zu etwas dient. Dabei gilt die Regel, dass sie nicht zerstörerisch sein darf. Wenn man ihr Raum, Zeit und Verständnis gibt, dann beruhigt sie sich in der Regel.

Konstruktive Wutkompetenzen sind das Türenschlagen, ohne dass die Klinke abfällt. Empfehlenswerter wären künstlerische Aktivitäten, Geschichten schreiben, Musik machen, Tanzen, Spazierengehen, Gartenarbeit, Holz hacken, kulturelle und sportliche Aktivitäten, damit die Wut und Trauer in positive Energie gewandelt werden. Wer schon mal einen Tango getanzt oder dabei zugesehen hat, sich im Wald ausgepowert oder sich einen erholsamen Rückzug gegönnt hat, kann bestätigen, was für eine lebensbejahende Energie in der Wut und Trauer steckt. Wut und Trauer wandeln sich destruktiv, wenn sie nicht sein dürfen oder abrupt gestoppt werden. Sie können in Vereinsamung, Depression, Abhängigkeitsphänomenen und anderen unangenehmen Zuständen enden, die wiederum Anziehungskraft für weiteres Destruktives haben.

Empfehlenswert ist, nicht gleich aus dem Affekt zu reagieren, sondern eine Nacht darüber zu schlafen, dann mit bewusstem Verstand und authentischem Gefühl neue Wirklichkeiten zu schaffen und zu handeln.

## Destruktive Phänomene

Auf der rechten Seite der Ressourcen-ACHT habe ich die destruktiven Phänomene angeordnet, die entstehen, wenn die konstruktiven Kompetenzen nicht ausgebildet sind oder gelebt werden. Es sind Phänomene, die auch aus den Beziehungserfahrungen im bisherigen Leben entstanden sein können. Gefühlsregulation ist nichts Statisches, voneinander abgegrenztes Strukturiertes, sondern etwas fluides Prozesshaftes. Das heißt, es handelt sich beim Modell um einen ressourcenorientierten Kategorisierungsversuch mit weiteren vier Zuständen, die jeweils miteinander in Verbindung stehen und sich beeinflussen können:

- Sachschädigung
- Personenschädigung
- Selbstschädigung
- Rückzug/Starre

Bei der Sachschädigung gehen Dinge kaputt. Die stärkste Form der Sachschädigung ist der Vandalismus. Dinge sind ersetzbar, Menschen nicht. Unter Personenschädigung fallen körperliche und psychische Angriffe, wie Ausgrenzung, Mobbing, Rufschädigung, Mord etc. Unter Selbstschädigung fallen Phänomene, wie Burnout, Sucht- und Abhängigkeitsphänomene, Ritzen etc. Im Stadium des Rückzugs und der Starre gibt es körperliche und seelische Starre sowie viel von „-losigkeit“, z.B. Kontakt-, Interessens-, Appetit-, Schlaflosigkeit etc., typische Indikatoren für Depression. Wichtig ist, dass diese Phänomene auch als Aufmerkversuche für ungelebte Bedürfnisse und mangelnde konstruktive Ressourcen zu verstehen sind.

## Stiefkinder auf Gefühlsebene

Eher stiefmütterlich werden im Alltag die Gefühle von **Neid**, **Scham** und **Schuld** behandelt. Deswegen nenne ich sie hier die „Stiefkinder“ und meine, dass sie auch Beachtung brauchen, besonders weil sie so häufig auftreten und dennoch tabuisiert werden. Neid vergiftet oft die soziale Beziehung und kann großen Schaden anrichten. Wichtig ist zu verstehen, dass Neid oft aus Enttäuschungen und einem schwachen Selbstwert entstehen und schädigend für die Beziehung sein kann. Wenn man neidvolle Gefühle hat, sollte man sich in erster Linie mit seinen ungeachteten Bedürfnissen auseinandersetzen und diese selbstverantwortlich angehen, ohne anderen zu schaden.

Scham und Schuld sind etwas differenziertere Gefühle, die viel mit der sozialen Bindung und Integration zu tun haben. Aus Angst, beschämt zu werden, meiden viele Menschen Situationen, in denen sie sich ausgesetzt fühlen und die peinlich werden können. So schöpft man seine Möglichkeiten ungenügend aus. Scham- und Schuldgefühle können außerordentlich quälend sein, ungesunden Stress, Störungen in Beziehungen, psychische Krankheiten oder schädigendes Verhalten auslösen.

Interessant ist auch, wie sich Schuld und Scham zueinander verhalten. In sozialpsychologischen Experimenten mit Gefängnisinsassen kam heraus, dass Menschen sich lieber „schuldig“ machen, als Scham zu empfinden. Man macht sich oft auch schuldig, um Scham zu vermeiden. Scham ist ein wichtiges Grundgefühl, dass in der sozialen Beziehung, besonders für die Integration, Regelbeachtung und Einhaltung gesellschaftlicher Normen zuständig ist. „Scham und ihre Abwehr haben immer auch eine Funktion für eine Gruppe, Organisation oder Gesellschaft: ‚Beschäme und herrsche!‘ So greift Mobbing häufig auf die Scham-Abwehrmechanismen zurück“, meint Stephan Marks, der viel zu Scham geforscht hat und diverse Schamabwehrstrategien von Menschen gefunden hat.[10]

*„Angst, Neid, Schuld und Scham sind beachtenswerte Gefühle, denen es vorzubeugen gilt.“*

Schulddenken dagegen führt zum Opfer-/Täterdenken bzw. Opfer-/Täterverhalten und häufig in die Sackgasse, zum Beispiel über Rache. Schuld schwächt uns bis hin zur Ohnmacht und sollte hin zur Verantwortungsübernahme und Wiedergutmachung gewandelt werden. Es geht dabei um einen konstruktiven ausbalancierten Ausgleich.

10 Stephan Marks: Scham: Die tabuisierte Emotion. Patmos Verlag; 2021

## Angst, Traurigkeit und Einsamkeit als vorherrschende Gefühle unserer Zeit

Leider leben wir in einer immer ängstlicher, trauriger und einsamer werdenden Gesellschaft. Die Weltgesundheitsorganisation (WHO) bekundet, dass spätestens 2030 die Depression die Volkskrankheit Nr. 1 in den westlichen Industrienationen sein wird.

Zur Traurigkeit und Verbundenheit hast du vorher schon etwas gelesen und auch, wie du Traurigkeit oder Einsamkeit nutzen, vorbeugen und verändern kannst.

Die Depression ist ein Gefühl der Schwermut, ein Seelentief, das oft aus dauerhafter Hilflosigkeit und Ressourcenmangel entsteht. Ich nenne es auch ein lang anhaltendes Gefühl der „Losigkeit", was mit einer Veränderung der Stimmung, der Affektivität und des Aktivitätsniveaus sowie einer Art Gefühllosigkeit einhergeht (Antrieb, Interesse, Freude, Hoffnung, Lust, Erholung, Selbstwert, Kontakt, Appetit, Konzentration, Schlaf etc.). Es handelt sich um eine seelische Erkrankung mit Veränderungen im Gehirnstoffwechsel mit leichten, mittelgradigen oder schweren Verläufen bis hin zur Suizidgefahr und benötigt professionelle Hilfe/Unterstützung.

Angst ist ein Grundgefühl, das das Überleben sichert und unserem Schutz dient. Es baut sich auf, wenn die Sicherheit, Zugehörigkeit und Unversehrtheit gefährdet ist, auch wenn die eigenen und fremden Ressourcen nicht ausreichen, wichtige Bedürfnisse zu erfüllen. Angst ist kein guter Berater. In derartigen Zuständen getroffene Entscheidungen gehen kurz- und langfristig meist ungünstig aus. Eine Angstreaktion hängt direkt mit physiologischen und psychologischen Stressreaktionen zusammen (S. 173). Ist sie dauerhaft hoch, reicht nur ein kleiner Auslöser aus, damit aus permanenter Anspannung eine Panikstörung wird und das psychophysische System unwillkürlich dauerhaft auf Hochtouren läuft, ohne herunterregulieren zu können. Menschen mit Panik beschreiben die bedrohlichen Stresszustände mit hohen Selbstzweifeln, Ausweglosigkeits- und Todesangstgefühlen. Damit es nicht so weit kommt, ist es wichtig, auf eigene Bedürfnisse und Gefühle zu achten, Stress zu regulieren, bewusst zu atmen, zu klopfen (z.B. Übungen S. 50, 99) und in Beziehungen sowie gute Kommunikation, Sicherheit und Vertrauen zu investieren, sich körperlich zu betätigen etc.

## SACHT-Notfallprogramm bei Panik:

- **DANKE ANGST**, dass du dich meldest (Wahrnehmung der Angst + positive Einstellung, Angst als Helfer für deine Bedürfnisbeachtung).
- **SICHERHEIT** und **AUSWEG** (sicheren Ort und Rückenstärkung, Fluchtwege imaginieren)
- **ATMEN** (Ausatem fokussieren, langsam und länger ausatmen und auf Atempause achten)
- **BEWEGEN** (hüpfen, klopfen, schwingen, summen, singen)
- **HALT** (Kopf an Stirn und Hinterkopf halten mit aufgestützten Händen, Füße Kontakt zum Boden)
- **VERTRAUEN** (Selbstvertrauen, Ressourcenfokus, Fremdvertrauen als Rezept gegen Angst, ggf. Hilfe suchen/annehmen)

Also besser: raus aus der Ohnmacht, Angst, Neid, Scham und Schuld und her mit den guten konstruktiven Gefühlen. Ein beliebter Spruch aus meiner Praxis ist: „Die Angst, Schuld und Scham bleiben draußen, zum Beispiel auf dem Parkplatz oder besser noch auf dem Kompost. Dort werden sie zu Nützlichem verarbeitet.“

# 6. Leuchtkraft:

## Sinn, Sinne und Sinnlichkeit

# Sinnkraft

Zur Sinnkraft zähle ich die Energie, die aus Sinn entsteht. Wenn etwas Sinn macht für uns Menschen, dann entwickeln wir Mitgefühl, Verständnis und Kräfte, überstehen besser schwere Zeiten oder Mangelzustände und überwinden Hürden. Werde zum hauseigenen Philosophen und stelle dir öfter die Frage im Alltag:

- Wozu mache ich das?
- Was soll sein?
- Was macht wann, wo, wie mehr Sinn?
- An welcher Stelle kann ich mehr Sinn in mein Leben bringen?

*„Vom Zweck zum Sinn zum Sein kommen"*

Das führt dich heraus aus oft sinnlosem Agieren hin zur Sinnstiftung und Freude. Ja, auch immer wiederkehrende Tätigkeiten, wie die Erledigung von Haushaltstätigkeiten, gehen dir leichter von der Hand, wenn sie mit Sinn bestäubt sind (z.B. das Haus sauber und behaglich machen bedeutet auch innere Ordnung schaffen, das Einräumen der Spülmaschine als Auszeit von der digitalen Arbeit mit dreidimensionalen Sicht- und Bewegungsfeldern und vertieftem Atem, die wohlriechende, saubere Wäsche fühlen und zusammenlegen, die duftende gebügelte Bettwäsche genießen). Übrigens Hausarbeit und Putzen können auch dem Spannungs- und Frustabbau dienen. Ich nenne das gerne Frustkompetenzen.

Vor wichtigen Entscheidungen und bei Tätigkeiten, die einen Großteil deiner Woche ausmachen, solltest du dir auf alle Fälle die Sinnfrage stellen. Überprüfe deine Handlungen, deine Beziehungen nach ihrem Sinn und schaffe mehr Sinnstiftendes. Es lohnt sich für deine Gesundheit und dein Umfeld. Sinn wird dabei vom eigentlichen Zweck unterschieden. Arbeit zum Beispiel hat u.a. den Zweck der Existenzsicherung. Das zu akzeptieren, macht auch Sinn. Zweckvolles hat etwas charmefreies Pflichtenhaftes. Es scheint farbenlos und eintönig. Sinn dagegen enthält positiv emotionale und motivationale Facetten, Farbspektren und Klänge. Sinnvolles entfacht Leuchtkräfte.

Um Sinnvolles zu erleben, beginne zunächst mit der Zweckfreiheit. Finde zum Beispiel in deiner Arbeit und in deinem Leben etwas, das schön und zunächst zweckfrei ist. Zweckfreiheit haben wir in unserem durchstrukturierten und optimierten Leben fast vergessen. Vom Zweck zum Sinn zum Sein kommen. Das erdet dich und verleiht Flügel. Warum sich diese Frage nicht bei Beziehungen stellen? Für die Entwicklung deiner Sinnkraft brauchst du deinen Verstand und deine Gefühle, Intuition, den Abstand und die Kommunikation mit dir und anderen. Es macht viel Sinn, die Sinne auch zu unseren Ressourcenquellen zu zählen. Mit ihrer Hilfe entstehen nämlich Sinn und Sinnlichkeit.

# Unsere Sinne

Deine Sinne haben sich bereits vor deiner Geburt entwickelt und ermöglichen es dir, die Welt um dich herum nahezu zu erfassen und in sinnvollen Austausch zu treten. Alles Sinne hängen miteinander zusammen. Sie machen reich und beflügeln sowohl den Körper als auch die Seele. Manchmal wird das auch zu viel. Es gibt Menschen, die aufgrund ihrer besonderen Wahrnehmung und erhöhten neurologischen Aktivität viel mehr Reize aufnehmen und verarbeiten müssen, als es für sie erträglich und gesund ist (z.B. bei Hochsensibilität, AD(H)S, Autismus etc.). Das kann zu Stress führen und zur Belastung werden. Ausreichend Ruhe- und Regenerationsphasen sowie besondere Rahmen- und Strukturgestaltungen sind nötig. Essenziell sind hier außerdem eine große Portion Mitgefühl und Verständnis aus dem Beziehungsumfeld.

## Fühlen

Der Tastsinn ist einer der ursprünglichsten Sinne, die wir besitzen. Er ist wie der Geruchssinn und Schmerzsinn mit dem stammesgeschichtlich ältesten Teil des Gehirns verbunden, dem limbischen System, das unsere Gefühle reguliert. Bereits als kleiner Wurm mit einer ungefähren Größe von 2,5 cm konntest du gezielte Bewegungen hin zur Berührung erkennen. Was für ein sinnvolles Wunder. Ja, wir sind verbunden und angewiesen auf Berührung.

Ich habe mal gelesen, dass eineiige Zwillinge von der sechsten bis zur dreizehnten Schwangerschaftswoche noch dieselben Fingerabdrücke haben. Danach berühren sie die Fruchtblase, und es entstehen durch das komplexe Wechselspiel aus Genetik, Stoffwechsel und Umwelteinflüssen die unverwechselbaren Rillen und Linien.

Der Tastsinn ist außerdem stark mit dem Sehen und Lernen verbunden. Kein Wunder, dass wir uns besser erinnern können, wenn uns etwas „unter die Haut" geht. Berühren lohnt sich, denn über unseren Tastsinn bekommen wir zusätzliche Informationen, und wir werden schlauer. Das heißt, was wir fühlen und sehen, das verinnerlichen wir besser und können es leichter abrufen. Krisen, die bekanntlich unter die Haut gehen, lassen uns besser lernen, und wir werden (meist) schlauer. Falls nicht, geht's zurück auf „Los", manchmal ganz von vorn oder auf einer anderen Treppe der Leiter, leider.

- Was hat dich in letzter Zeit sehr berührt?
- Wer hat dich in letzter Zeit berührt? Und wen hast du berührt?
- Was fühlst du am liebsten?
- Wie fühlt sich das an?
- Welche Stoffe magst du gern anfassen? (Samt, Seide, Leinen, Leder, Federn, Baumwolle, Brokat, Gummi, Holz …)

## Hören

Im sich aufblätternden Frühsommer sehen, hören und fühlen wir, wie alles grünt, sprießt, brummt, summt und vibriert. Die Welt ist voller Farben, Gerüche, Klänge und Wunder. Fülle pur. Auch im Einfachen, in der Natur, in der Stille, der Meditation kann man eine große Fülle und Wunder erfahren. Der Klang ist die Verbindung. Mit einem Knall soll alles begonnen haben. Schwingungen durchklingen die Natur, unsere Beziehungen und Kultur. Bis zum Mond und darüber hinaus schwingt, vibriert und pulsiert alles. Die Natur klingt, die Welt ist Klang[11]. Was man weiß, ist dass Taubsein wohl seelisch belastender ist als Blindheit,

11 Joachim-Ernst Berendt. Nada Brahma. Die Welt ist Klang. 5. Aufl. Berlin: Suhrkamp; 2007

da Leben soziale Resonanz bedeutet und Kommunikation lebensnotwendig ist. Es ist Zeit für das Beachten und Lauschen.

*„Alles schwingt, vibriert hängt miteinander zusammen, das große Wunder des Lebens.“*

Das Ohr entwickelt sich bereits eine Woche nach der Befruchtung, also noch bevor Herz und Gehirn ihre Aktivität beginnen. Es gilt als das erste funktionierende Organ des menschlichen Embryos, der am liebsten den Herzschlag und die Stimme seiner Mutter hört. Deswegen gerät jeder Körper bei jener Frequenz in Schwingung, die der Frequenz einer Frauenstimme entspricht. Stimmen sind nicht denkbar ohne das Mitschwingen von Stimmungen und Emotionen. Lausche, lausche einfach oder im Rausch. Lausche den Quellen und lass sie rauschen. Das Leben kann berauschend schön sein.

**SACHT-2Go-Selbstcoachingübung:**

- Dein Lieblingsgeräusch aus der Natur ...
- Klänge aus deiner Kindheit ...
- Klänge aus der Jugend ...
- Klänge aus der Jetztzeit ...
- Deine Lieblingsmusik ...
- Ein betörendes Konzerterlebnis ...

# 2SACHT-Achtsamkeitsübung: Sinnesbaden

Diese Übung eignet sich zum Abschalten und Erden in stressigen Zeiten und/oder digitalen Momenten. Sie lässt sich zu Tagesbeginn oder -ende eher leicht machen. Erlaube dir eine kleine Auszeit und den Raum, deinen Sinnen nachzuspüren.

Finde einen ruhigen, angenehmen Platz mit einem Tisch vor dir, und mache es dir bequem. Schenke dir drei bis vier tiefe Atemzüge und verfolge mit deiner Aufmerksamkeit achtsam den Luftstrom, der deinen Körper durchzieht. Stelle deine Füße parallel auf den Boden und lass die Atembewegung bis in deine Füße strömen.

Nimm deine Hände vor deinem Körper, also der Bauchgegend, zusammen und reibe sie ein paarmal aneinander. Schenke deinen Augen und Ohren nun eine kleine Oasenzeit. Stütze deine Ellbogen auf eine Tischplatte vor dir und lege beide Hände zunächst auf deine Augen, forme die Hände dabei wie eine kleine Höhle für die Augen. Werde dir der Lichtunterschiede gewahr. Lass die Augen sich in dieser angenehmen Dunkelheit erholen. Nimm wahr, welche Lichtreflexionen und Hell- und Dunkelspiele sich gerade ergeben. Atme regelmäßig und entspannt weiter. Genieß diesen berührenden Moment mit dir selbst. Wechsle nach einiger Zeit die Berührung und lege deine Hände achtsam auf deine Ohren. Schaffe somit eine Grenze zu den Geräuschquellen von außen. Werde dir der Klangunterschiede bewusst. Vielleicht gibt es auch verschiedene Wahrnehmungen auf der rechten und linken Seite deines Kopfes? Bleibe einige Zeit gut abgeschirmt.

Führe dann deine Hände wieder zurück zum Schoß. Schenke dir drei bis vier bewusste Atemzüge. Vielleicht sind deine Augen noch geschlossen. Erschließe dir jetzt, was du im Moment riechst. Finde weitere vier bis sechs Dinge, die du heute schon gerochen hast und werde ihrer wieder gewahr. Sage dir: Ich nehme jetzt Folgendes wahr. Vorhin hatte ich einen genüsslichen Kaffeeduft in der Nase, die Seife … Richte deine Aufmerksamkeit jetzt auf das Hören. Finde vier bis fünf Geräusche, die du jetzt hörst (z.B. „Ich höre einen Atemzug, einen Flügelschlag, das Uhrenticken, ein Rauschen von außen …"). Öffne dann deine Augen und finde fünf bis sechs Dinge, die du siehst. Richte deine Aufmerksamkeit besonders auf die Farben, die Formen und die Beschaffenheit der Dinge. Sage zu dir: „Ich sehe …" Jetzt widmest du dich dem Fühlen und spürst von den Füßen bis zum Kopf den Empfindungen nach. Vielleicht machst du auch zwischen dem Außen und dem Innen einen Unterschied. Spüre dem nach.

Zum Abschluss kannst du dir noch gewahr werden, was du gerade schmeckst, vorhin geschmeckt hast oder nachher schmecken wirst. Komm mit einem Lächeln zurück zum Moment und setze dein Tagwerk fort.

Anhören: www.sacht-institut.de/sinnesbaden.html

## Riechen und Schmecken

Das Riechen ist ein feinstofflicher, atmosphärischer Sinn. Er ist sehr ursprünglich und wirkt zumeist unbewusst. Er führt uns direkt in das Reich unserer Emotionen und Erinnerungen. Der Riechsinn ist sehr wählerisch, er entscheidet mit über Sympathie und Antipathie, Nähe oder Distanz. Er befähigt uns, Geschmäcker feiner und differenzierter wahrzunehmen, Giftiges, Gefährliches von Gesundem zu unterscheiden. Um einen guten

Wein zu erkennen, braucht man eine gute Nase, für eine tragfähige und gute Beziehung auch. Ab der achten Lebenswoche warst du imstande, zu riechen und das Fruchtwasser zu schmecken. Das macht außerordentlich Sinn, denn es ist süß (Glukose ist ein Hirntreibstoff). Nach der Geburt wird die Mutter anhand des besonderen Duftes der Muttermilch erkannt. Vertrautes zu riechen und zu schmecken, ermöglicht ein Gefühl von Sicherheit und Vertrauen in die noch unbekannte, nachgeburtliche Welt. Emotionale Eindrücke in den frühen Lebensjahren sind oft unmittelbar mit Geruchsempfindungen gekoppelt, der duftende Kuchen, das besondere Lieblingsessen, „Mamis Hände und Papis Bauch“, der Urlaubsduft der Sommerwiese oder des Pferdestalls. Nase und Darm sind ebenfalls verbunden. So hat man neuerdings Riechzellen im Darm gefunden, die bei Aktivierung auch die Darmaktivität beeinflussen. Manche Wissenschaftler behaupten, der Darm sei die zweite Nase.

**SACHT-2Go-Selbstcoachingübung:**

- Was riechst du am liebsten?
- Düfte und dein Lieblingsgeruch aus der Kindheit ...
- Düfte und dein Lieblingsgeruch aus der Jugend ...
- Düfte und dein Lieblingsgeruch aus der Erwachsenenzeit ...
- Deine Lieblingsblumen ...
- Dein Lieblingsparfum ...
- Deine Lieblingsspeise ...

## Schmerzempfinden

Schmerz ist wie eine ungeliebte Schwiegermutter. Sie kommt oft unpassend, lässt die Stimmung auf den Tiefpunkt sinken und zwingt einem wichtige Lektionen auf, die man gerade nicht hören will.

Schmerz braucht kein Mensch. Denkste. So wichtig wie Schwiegermütter sind, gute wie böse, weil sie deinen Schatz geboren haben und sie einen großen Anteil daran haben, dass er oder sie so ist, wie er/sie ist, so wichtig ist auch der Schmerz. Schmerzempfinden ist eine Ressource. Es schützt dich vor schädlichen Einflüssen.

Mit dem Schmerz kommt oft der Stress. Er ist ein stressauslösender Reiz mit unwillkürlichen seelischen und körperlichen Reaktionen. Du fühlst dich unwohl, Stresshormone durchfluten deinen Körper und den Raum, Spannungen sind spürbar und mancherlei eigenartige Verhaltensweisen lassen dich zweifeln, ob du dich selbst erkennst. Aber es gibt viel zu lernen. Gut vorgesorgt, beachtet und verstanden, können dir die Schwiegermutter und der Schmerz dienlich werden.

Schmerz gehört zum Leben, auch schon vorgeburtlich. Es gibt derzeit noch wenig Forschung über das vorgeburtliche Schmerzempfinden. Dennoch weiß man, dass bereits in der 19. Schwangerschaftswoche infolge von schmerzhaften Eingriffen beim Fötus Stresshormone ausgeschüttet werden.

Schmerz hängt manchmal auch mit Lust zusammen und umgekehrt. Beides ist überlebensnotwendig. Also sag Ja, zum Schmerz, er ist ein Helfer und meint es gut, auch wenn er nervt. Wenn du ihn beachtest, auf deinen Körper hörst, dir Ruhe oder Bewegung gönnst, je nachdem, was dein Körper in den Momenten von Krankheit und Schmerz verkraftet, dann verschwindet der Schmerz eher wieder.

Noch viel besser: Du trägst deinen Schmerzstiller in dir und brauchst nur in ganz großer Not ein Schmerzstill-Medikament. Wir alle verfügen über körpereigene Schmerzstiller (sog. körpereigene Opiate). Sie werden beispielsweise bei längerem Joggen ausgeschüttet und lösen Hochgefühle aus. Zugegeben, manche körpereigene Schmerzstiller sind langsamer oder schneller oder robuster oder empfindlicher als andere. Ein Mensch ist im gesunden Zustand und mit geballter Kraft stärker gegenüber allen Angreifern als alle Pharmakonzerne zusammen. Die Fabrik liegt in dir und macht dich reich, besser noch, sie lässt dich leben und überleben. Deine Schmerzen kannst du außerdem direkt mit einem bewussten Atem beeinflussen.

Beachte: Es gibt das sogenannte „Schmerzgedächtnis“. Das heißt, dass sich – wie bei jeder emotionalen Erfahrung – neurologische Strukturen bilden oder ihre Aktivität verändern. Dein Gehirn bewertet die Schmerzreize und gleicht sie mit den bisherigen Erfahrungen ab. Je nachdem, wie du den Schmerz bewertest und reagierst, hast du selbst auch Einfluss, wie häufig und wie lang ein Schmerz auftritt. Du kannst ihn verkürzen oder verlängern, verbessern oder verschlimmern. Unterbewusst kann ein geringer Schmerzreiz alte Erfahrungsnetzwerke (gewachsen aus starken Schmerzreizen) aktivieren. Das Empfinden des Schmerzes wird dann sehr stark. Deswegen empfiehlt es sich bei akuten, starken Schmerzen, frühzeitig zu einem anerkannten Schmerzmittel zu greifen, um den Schmerzkreislauf zu unterbrechen und den Vertrauens-/Bewegungs- und Kompetenzkreislauf (Erfahrungsnetzwerke) zu aktivieren.

**SACHT-2Go-Selbstcoachingübung:**

- Deine Schmerzwahrnehmung als Geschenk ...
- Dein stärkster Schmerz ...
- Starken Schmerzen hatte ich wann?
- Leichte Schmerzen hatte ich wann?
- Meine Schmerz- und Lusterlebnisse ...

## Sehen

Sehen wird von vielen Menschen als der wichtigste Sinn empfunden. Die Vorstellung, blind zu sein oder zu werden, bereitet vielen Angst.

Das Sehen entwickelt sich mit dem ersten Lichtblick der Geburt. Es ähnelt der Fernsehergeschichte. Es beginnt mit Schwarz-Weiß, also dem Hell-Dunkel-Sehen. Dann werden die Kontraste besser, und es endet im vollen Farbsehen mit einer breiten Gesichtsfeldwahrnehmung rund um das zehnte Lebensjahr herum. Es fächert sich weiter auf, differenziert und schärft sich bis hin zur Großleinwand und schwächt wieder etwas ab, bis das Licht ausgeht. Licht ist eine elektromagnetische Energie, von der wir mit dem Auge etwa nur 150 Farbtöne wahrnehmen, unterscheiden und zu einer halben Million Farbempfindungen kombinieren können. Die Farben und Formen unserer fantastischen Natur und Umgebung, die des Regenbogens, der Sommerwiese und Tierwelt, von Purpur bis Himmelblau, Töne von Indigo, Saphir, Saft-, Smaragd- oder Moosgrün, das Intensivgelb von Safran, Rubin- und Weinrot, Rosé und Pastell, von Flieder, Taupe zu Aubergine, das Leuchten des Indian Summers oder die endlosen Grautöne eines Schmuddeltages im Februar, das Kristallklar eines Bergsees und das Schneeweiß einer Apfelblüte, das Schimmern der Muscheln, das Licht der Sonne und der Sterne – all das können wir sehen und wahrnehmen.

Welch ein Wunder: Dein Sehsinn kann in allererster Linie Muster erkennen. Es bilden sich erst in deinem Kopf Gestalten, die den Mustern eine Bedeutung geben. Dabei treten natürlich auch Fehler auf, also Täuschungen. Unsere Sinne, Gedanken, Gefühle und Erfahrungen kreieren die Wirklichkeit. Sinnliches und Konkretes, sogar die Zahlen oder die Geometrie gehören dazu. Menschen fühlen sich eher entspannt, wenn sie den mathematisch perfekten Goldenen Schnitt betrachten.

Damit stehen uns Feuerwerke der Sinne zur Verfügung, um uns zu erfreuen, zu berühren, zu bewegen, zu erleuchten, zu beschwingen, zu berauschen und erklingen zu lassen. Grund genug, um dankbar zu sein und sich dem Leben mit allen Sinnen zu öffnen.

## Passion

Sinnlichkeit und Leidenschaft sind Geschwister. Leidenschaft ist laut Wikipedia „eine das Gemüt völlig ergreifende Emotion“[12]. Ich bevorzuge den Begriff der „Passion“, nicht in Form von Leiden, sondern vollumfänglicher Freude, Antrieb und Glückseligkeit. Aus der Antike über die Zeit der Industrialisierung bis heute hat sich der Anspruch der Affektkontrolle durchgesetzt mit dem Ergebnis der Rationalisierung, Mechanisierung und Funktionalisierung von Menschlichem. Einerseits ist das sehr sinnvoll und vernünftig, andererseits? Zu welchem Preis lassen wir das zu? Das Leidenschaftliche, das Sinnliche wird in abgeschirmte Orte gedrängt, oft ausgestoßen und tabuisiert. (Sogar die Passionsfrucht ist exotisch :-). Es findet seine Kanäle nicht immer im Konstruktivem. Ungelebte Lust wird zur Last. Große Gefühle gehören eben nicht nur ins Kino, in Theater oder zu kritischen Lebensereignissen. Sie sind Anstifter für Kreativität und Innovationen. Viele Erfindungen, kreative Werke und Kunst sind aus Zuständen von Traurigkeit, Zweifeln und Mangel entstanden. Sie kamen in die Welt mit Passion. Wir brauchen das Sowohl-als-auch, sowohl die Mäßigung im Umgang mit Ressourcenverschwendung als auch die Räume für Passion für die Gestaltung des Wandels und das Gehen neuer, unbekannter Wege. Wir brauchen die Kunst und Kultur zur Inspiration, Begegnung, Verlebendigung von Emotionen und Sinnlichkeit.

## Sinnlichkeit und Sexualität

Wie im vorigen Kapitel schon ausgeführt, ist Sexualität auch ein Lebenselixier. Überflutet davon auf der einen Seite in Form von Übersexualisierung in der Werbung und im Internet, rückt sie gleichzeitig

12 Wikipedia: Leidenschaft

immer mehr in den Hintergrund (Paradoxie der Phänomene). Sexualität ist nicht nur ein Trieb, sondern ein wechselseitiges Geschehen. Es dient der Beziehungsgestaltung, Fortpflanzung etc. und macht damit sehr viel Sinn. Gleichzeitig ist Sexualität oft auch schuld- und schambesetzt. Sie rührt das Innerste unser Seele und unseres Körpers an. Wir erinnern uns an Resonanz. Was guter Sex ist, bestimmen allein die Beteiligten selbst und nicht die Ratgeber- oder Pornoindustrie.

Sexualität ist eine Form von Kommunikation. Guter Sex gelingt durch einen guten Kontakt zunächst einmal zu sich selbst. Zu wissen, was einem gefällt und was nicht, zu spüren, was man braucht etc., kann helfen. Dann erfordert es auch Mut und Vertrauen, sich zu zeigen mit seinen Bedürfnissen oder Wünschen, eine Sprache dafür zu finden und eben eine gute Kommunikation mit dem Gegenüber, also das Hinschauen, Hinhören, Hinfühlen. Guter Sex geschieht durch Anziehung. Sex braucht Spannung wie bei einem guten Krimi, damit er nicht zum Thriller wird. Vergleichbar mit der Elektrizität ist das Bild vom Plus- und Minuspol für gute Spannung vielleicht hilfreich, also die Unterschiedlichkeit von Menschen, Bedürfnissen sowie Vorlieben und das Sich-darauf-Einlassen. Hier braucht es auch die Resonanz, die systemische Achtsamkeit, Sinnlichkeit, Vertrauen, also die komplexen Wechselwirkungen von Umgebung, inneren und zwischenmenschlichen Prozessen. Das klingt kompliziert, ist aber ganz einfach. Eine Portion Offenheit, Interesse, Experimentierfreude und Humor wären sehr hilfreich und das Loslassen- und Vertrauenkönnen. Dann regelt sich vieles von allein. Dauerhaft gut wird Sex durch ein stimmiges Wechselspiel in der Beziehung zwischen Autonomie und Verbundenheit. Urteile und Beschämendes sollten auf den Parkplatz und auch nach dem Sex dort bleiben, denn wem nützen sie wirklich? Parkplätze können übrigens im Sinne von Kontextwechsel auch für Sex genutzt werden.

Nochmals: Guter Sex kann durch eine gute Beziehung zu sich selbst, zum eigenen Körper (mithilfe von inneren und äußeren Bildern, Atem- und Körpererfahrungen) gelingen und zum Partner mithilfe von Abwechslungen in den Aktivitäten, Stellungen, Orten oder

Zeiten, mit Überraschungen und gegenseitiger Achtsamkeit. Den Reiz des Neuen im Außen zu suchen, bringt eine Beziehung früher oder später ins Ungleichgewicht, geht mit Kränkungen und Verletzungen einher, die leider oft nicht nur auf Erwachsenebene zu finden oder auszugleichen sind (aus meiner familientherapeutischen Erfahrung kenne ich zahlreiche Trennungsgeschichten mit ungünstigen Auswirkungen auf die Kinder). Ein kurzer Liebesrausch braucht vielleicht nicht unbedingt die Bindung oder das Vertrauen, aber eine vertrauensvolle, tiefe und lange Liebe braucht hin und wieder das Adrenalin und die Abwechslung, damit sie beständig und lebendig bleibt. Außerdem macht guter, einvernehmlicher Sex Spaß, egal ob allein, zu zweit oder zu mehreren. Schweres kann ganz leicht werden.

„Nichts ist vergänglicher als die Gelegenheit", heißt es. Gelegenheit macht nicht nur Diebe, auch Liebe. Schafft Gelegenheiten und macht Liebe.

Wer mehr ehrliche Antworten auf heikle Fragen zum Thema „Liebe, Sex und Partnerschaft" möchte, dem sei folgendes Buch empfohlen:

Angelika Eck: Schlafzimmerblick: Liebe, Sex und Partnerschaft – ehrliche Antworten auf heikle Fragen. Taschenbuch. ZEIT online; 2021

# 7. Leuchtkraft:

## Selbstwert und durchdringendes Vertrauen

# Selbstwert und Selbstwirksamkeit

Stell dir ein nahezu einjähriges Baby vor, das seine ersten Schritte lernt. Es fällt unzählige Male hin und denkt nie daran, aufzugeben. Es steht auf, fällt hin, steht auf, purzelt zur Seite, steht auf … und irgendwann kommt dieser zauberhafte Moment: Der kleine Mensch macht seine ersten Schritte hinein ins Leben und strahlt.

Das ist echtes Lernen und Motivation. Das ist Selbstwirksamkeit. Die Fähigkeit, etwas selbst bewirken zu können, gehört zu den Leuchtkräften der menschlichen Existenz. Auf der Bedürfnispyramide wird diese Kraft sogar auf den höchsten Stufen menschlichen Seins angesiedelt. Wenn grundlegende Dinge, wie Sicherheit oder Freiheit, nicht vorhanden oder eingeschränkt sind, kann man schlecht über sich hinauswachsen und muss sich zunächst um das existenzielle (seelische) Überleben bemühen. Dabei wird es schwierig, sich selbstwirksam zu erleben und Vertrauen in sich oder in andere zu entwickeln. Unsicherheiten und Ängste schwächen zudem das Selbstwertgefühl. Menschen, die ihre Arbeit verlieren, verlieren auch sehr schnell ihr Selbstwertgefühl, das Gefühl eingebunden zu sein und gebraucht zu werden. Eine Tagesstruktur, der soziale Kontakt, Möglichkeiten für Feedback und einen Beitrag für Gemeinschaft zu leisten verleiht Sinn und stärkt den Selbstwert. Viele Menschen in Krisen oder Umbruchsituationen haben das Gefühl, dass ihre Handlungsspielräume eingeschränkt sind. Da gilt es besonders sich daran zu erinnern und daran zu arbeiten, wann, wo, wie genau die eigene Gestaltungskraft zur Wirkung kommen konnte und kann.

Hier bekommst du ein paar Beispiele für Selbstwirksamkeitserleben:

- das Erlernen von Fähigkeiten und Fertigkeiten (laufen, springen, lesen, schreiben, rechnen, basteln, Fahrradfahren, schwimmen, klettern, Radschlagen, den Hula-Hoop-Reifen schwingen, jonglieren, zaubern …)
- das Helfen und Unterstützen
- das Vorbereiten auf eine Prüfung und deren Bestehen
- das Flirten und das erste Kontakteknüpfen
- das Aufblühen des Gartens nach dem Säen und Pflegen
- wenn die Sonne durch die selbst geputzten Fenster scheint und das Heim schön sauber ist
- das Begeistern der Zuhörenden beim Vortragen oder beim Darstellen von Kunst
- das kunstvolle Wechselspiel beim Musizieren, zum Beispiel in einer Jazzband
- das Singen im Chor
- Vielleicht ist auch mit einem aufgetunten Auto und lautem Getöse durch einen Ort zu fahren eine Form von Selbstwirksamkeitserleben.

## SACHT-2Go-Selbstcoachingübung:

**Meine eigenen Beispiele:**

- ...
- ...
- ...

Ergänze die Beispiele mit Erfahrungen und Erlebnissen, die dir wirklich gelungen (ausschließlich Positives) sind. Jetzt gilt es nicht zu kleckern, sondern Klotzen ist angesagt. Finde mindestens 18 Dinge.

Erinnere dich daran, was du irgendwann einmal zum ersten Mal gemacht hast. Was kommt dir da in den Sinn? Wie genau fühlte sich das an? Je älter man wird, desto seltener ergibt sich scheinbar die Gelegenheit, etwas wirklich zum ersten Mal zu machen. Wenn einem das bewusst wird, nennt man es Midlife-Crisis. Erinnere dich an Kapitel 2 zu den Leuchtkräften von Krisen und reaktiviere sie.

Das Selbstwertgefühl betrifft den tiefen Glauben an sich selbst und beschreibt die Beziehung zu sich selbst. Es kann stark oder schwach sein. Die Grande Dame der Familientherapie, Virginia Satir[13], hat sich seit den 1960er-Jahren intensiv mit dem Selbstwerterleben beschäftigt. Sie schenkte uns das Bild eines Gefäßes, das mehr oder weniger gefüllt ist. Empfehlenswert sei, dieses Gefäß ständig aufzufüllen mit gelungenen Erfahrungen, positivem Feedback und schönen Erlebnissen sowie mit Liebe und Vertrauen. Dafür ist es nie zu spät. Man sagt, es sei außerdem nie zu spät für eine glückliche Kindheit. Auch im Erwachsenenalter kann man sein inneres Kind gut nachversorgen und ihm geben, was es gebraucht hätte. Den Selbstwert beschreibt sie als Zustand von Harmonie zwischen den verschiedenen Polen/Facetten seiner selbst. Sie hat schon früh an Teilearbeit und Ganz-

13 Virginia Satir: Selbstwert und Kommunikation. Klett-Cotta; 2015 und Meine vielen Gesichter. Kösel; 2007

heitlichkeit gedacht (siehe Kapitel 2) und wirksame Methoden der Psycho- und Familientherapie entwickelt. Eine große Säule ihrer Arbeit ist der Humanismus und die Liebe zu Menschen. Von ihr haben wir die Idee vom Wachsen im Miteinander, von der „Heilung in der Begegnung". Das heißt, im guten Miteinander entstehen heilsame Prozesse. Sie hat darüber hinaus Störungen auf ungünstige Kommunikations- und Konfliktmuster zurück geführt. Wenn der Selbstwert bedroht ist, entwickeln aus Satirs Sicht Menschen sogenannte „Überlebenshaltungen", in Form von Beschwichtigen, Anklagen, Rationalisieren oder Ablenken.

# Kohärenz

Lass uns noch tiefer in die Gesundheitspsychologie einsteigen. Der Soziologe Aaron Antonovsky[14] ist der Frage nach der Gesundheit nachgegangen und hat zur psychischen Gesundheit von Holocaust-Überlebenden geforscht und sie zum Selbstwerterleben in Beziehung gesetzt. Er definiert den Gesundheitsbegriff nicht nur als Abwesenheit von Krankheit, sondern als eine Art „Fluss", als Prozess. Ein Fluss entspringt einer Quelle, hat Biegungen und Kurven, verengt sich an einigen Stellen und wird an anderen breit und träge. Manchmal ist er klar, anderenfalls führt er auch mal viel Geröll mit und lässt es zurück. Zum Schluss geht es um ein aktives Gleichgewicht und das Aufgehen ins große Ganze.

Bei seinen Forschungen entdeckte er, dass Menschen widrige Umstände mithilfe von folgenden drei Faktoren (Gefühlen, Haltungen) deutlich gesünder überstanden haben. Das sind:

14 Aaron Antonovsky: Salutogenese. Zur Entmystifizierung der Gesundheit. Erweiterte deutsche Ausgabe von Alexa Franke. dgvt; 1997

- **Gefühl der Verstehbarkeit** (sense of comprehensibility), das heißt die Fähigkeit, Umwelt so zu ordnen und zu strukturieren, dass sie sinnvoll interpretiert werden kann
- **Gefühl der Machbarkeit/Handlungsfähigkeit** (sense of manageability), das heißt der Glaube und die Überzeugung, Situationen und Probleme aktiv bewältigen zu können
- **Gefühl der Sinnhaftigkeit/Bedeutsamkeit** (sense of meaningfullness), das heißt etwas bewältigen zu wollen, weil es sinnvoll ist oder einen Sinn hat bzw. einen Sinn gibt.

**Kohärenz** Alle drei Faktoren fasst er unter dem Begriff „Kohärenzgefühl“: zusammen. Das meint ein durchdringendes, dynamisches Gefühl des Vertrauens, eine Art „Urvertrauen“, in sich selbst und bezüglich des großen Ganzen. Hierzu gehört wieder die Fähigkeit, eigene Gefühle wahrzunehmen und auszudrücken, sowie die Zuversicht in die eigenen Möglichkeiten. Wer so ein Kohärenzgefühl schon einmal gespürt hat, braucht keine Ersatzdrogen. Es ist nie zu spät, um ein Kohärenzgefühl auch ohne schädliche Nebenwirkungen zu entwickeln. Anregungen dazu findest du in diesem Buch.

Wir knüpfen hier wieder an die Leuchtkraft der Verbundenheit an. Folgende Erfahrungen sind wichtig: gehalten, genährt und beschützt zu werden, Fehler machen zu können und Neues auszuprobieren. Wenn man Begeisterung und Inspiration erfährt, kann man immer wieder aufstehen, wenn man gefallen ist. Dann kann im Leben fast nichts mehr schiefgehen.

# Wachsen aus Fehlern und Krisen

Wenn wir über Menschlichkeit und die Bündnisse, zum Beispiel die Familie, oder über professionellen Verbindungen, wie Teams, sprechen, kommen uns auch die Schattenseiten in den Sinn. Enttäuschungen, Konflikte gehören dazu. Sie entstehen oft aus unerfüllten Erwartungen, vielleicht auch aus Fehlern. Menschlichsein heißt unvollkommen sein und Fehler machen. Fehler sind menschlich. Oft verzeihen wir uns oder unseren Liebsten am wenigsten ihre Fehler.

## SACHT-2Go-Selbstcoachingübung:

- Welche Fehler hast du in letzter Zeit gemacht?
- Wie würdest du die Fehler gewichten auf einer Skala von 1 bis 10 (schwerwiegendster Fehler).
- Welchen wirklich großen Fehler hast du in deinem bisherigen Leben gemacht?
- Was ist daraus erwachsen?
- Wie betrachtest du die Fehler von damals aus heutiger Sicht?
- Wie würdest du die Fehler gewichten auf einer Skala von 1 bis 10 (schwerwiegendster Fehler).
- Welche Fehler haben deine Liebsten in ihrem Leben gemacht?
- Wie betrachten sie die Fehler von damals aus heutiger Sicht?
- Was ist aus dem erwachsen?

- Was war das Schlimmste, was nach dem Fehler passiert ist?
- Was war das Beste, was danach passiert ist?
- Welche großen Fehler hat die Menschheit gemacht?
- Was ist daraus erwachsen?

Sicher haben auch deine Eltern und Großeltern nicht alles richtig gemacht. Das trifft natürlich auf dich auch zu, solltest du Elternteil sein. Auch Eltern sind Menschen und Menschen machen Fehler. Akzeptiere ihre Unzulänglichkeit. Ein hilfreicher Spruch könnte sein: „So sind sie. Ich nehme das Beste, was ich kriegen kann."

Die gute Nachricht lautet: Viele Eltern haben ihr Bestmögliches gegeben. Sie waren gebunden in den Anforderungen und Entwicklungsaufgaben ihrer Zeit und vielleicht in den „Aufträgen" seelischer Art des Systems oder der Familie. Es gab sicher Gelungenes und Versuche, es besser als die Vorfahren zu machen. Natürlich gab es auch Gleiches vom Selben und jede Menge Fehler. Und das ist gut so.

Fehler oder Hürden bieten stets die Möglichkeit des Neulernens und des Neubeginns, frei nach der Devise: lieber viele kleine „Fäler", als einen richtig großen. Aber alles ist immer auch anders. Manchmal sind es die großen Fehlschläge und Krisen, aus denen erst das richtige Lebensfeuer auflodert. Der Selbstwert und das menschliche Miteinander werden gestärkt durch starke menschliche Werte und Tugenden.

Welche Werte sind dir wichtig? Nimm dir Zeit und reflektiere, was dir wertvoll ist und wie du es verwirklichen kannst.

## Dazu eine kleine Geschichte zu FEHLERN

Der liebe Gott im Himmel schaute von seiner Wolke zu den Menschen herunter. Er bemerkte auch, dass die Menschen sehr fleißig sind und sich oft sehr mühen müssen. Dann sah er noch, dass sie immer wieder FEHLER machen. So rief er sein Team von Engeln ein, um sich zu beraten, wie man es den Menschen leichter und schöner machen könnte. Er fragte diese, welche Ideen sie dazu hätten.

Einer sagte: „Wir schicken ihnen genaueste Beschreibungen, wie alles richtig geht."

Der andere: „Wir schicken ihnen noch mehr Unterrichtstunden, Seminare und Fort- und Weiterbildungen als sie schon haben."

Ein dritter hatte die Idee, die Alten oder die Lehrer und Leiter besser zu schulen.

So äußerten noch weitere Engel im Team ihre Ideen: ... Strukturen und Kulturen ändern ...

Der achte Engel aber sagte: „Die Menschen können schon vieles richtig gut. Irgendwie wissen wir auch nicht weiter. Ich schlage vor, wir werfen ihnen einfach die FEHLER (also die Buchstaben) herunter. Die Menschen sind erfinderisch und machen bestimmt etwas daraus. Als einen sehr guten Vorschlag angenommen, ließen sie von ihrer Engelswolke die Buchstaben FEHLER zugleich los in Richtung Erde fallen. Die Menschen auf der Erde sollten es gut lesen können.

Geradewegs als dieses so wichtige Wort zur Erde fiel, kam etwas dazwischen, wie das mit den schönen Vorhaben oft so ist. Der Teufel, die Macht, die Böses will und Gutes schafft (das kam von Goethes Faust) wollte unbedingt vermeiden, dass das Gute vom Himmel zu den Menschen auf die Erde kommt. Er schickte einen kräftigen Wind, konnte zwar nicht verhindern, dass die Buchstaben auf die Erde fielen, aber sie waren ein wenig durcheinandergewirbelt.

Was glaubst du, was nun auf der Erde ankam?

Ja: „HELFER"

... und nur wer diese Geschichte kennt, weiß, dass FEHLER eigentlich HELFER sind.

# SACHT-Prinzipien

Im Konzept der Systemischen Achtsamkeit gibt es neben der RessourcenACHT auch Haltungsprinzipien, mit denen wir auf ein gesundheitsförderliches Programm umschalten können:

Ich nenne eines davon „SAT 4“, zur Erinnerung an die Faktoren der Salutogenese, Verstehbarkeit + Machbarkeit + Sinnhaftigkeit = Kohärenz). Daneben haben wir „Danke Feler. Ich darf dazulernen“, angelehnt an den Psychologen Jens Corssen[15].

Außerdem gibt es noch: Warum macht oft stumm. Was, wann, wo, wie, wer bringt Antwort her, ZDF, ARD, Pro 9 und ARTE, Lust statt Last, Ein (konstruktiver) Schimmer geht immer, statt Schlimmer geht immer. Beachten statt beobachten ... und viele mehr. Sei gespannt auf die neuen Programme zur Systemischen Achtsamkeit, von denen du in den folgenden Kapiteln mehr erfährst.

15 Jens Corssen. Der Selbst-Entwickler. matrix; 2004

# 8. Leuchtkraft:

## Loslassen, Intuition und Spiritualität

# Das Un- und Vorbewusste – zwischen Traum und Wa(ch)-hrheit

Menschen verfügen über ein unschätzbares Reservoir an Fähigkeiten. Wir können wahrnehmen, denken, fühlen, uns austauschen und setzen Visionen oder Pläne in gezielte Handlungen um. Bewusstes Planen und Handeln, das Aktivieren der Gliedmaßen zum Beispiel, unterliegen in der Regel der eigenen Kontrolle und einer Absicht. Die meisten Vorgänge in uns, wie einfache Reflexe, das Atmen oder der komplizierte Stoffwechsel, verlaufen jedoch unwillkürlich und unterbewusst. Die Aktivitäten in unserem Gehirn sind zum überwiegenden Teil vor- und unbewusst: Der rationale Verstand hat keinerlei Einfluss auf sie. Wir denken, wir könnten entscheiden.

*„Menschen verfügen über ein unschätzbares Reservoir an Fähigkeiten."*

Forschungen mithilfe von bildgebenden Verfahren zu den Aktivitäten in unseren Hirnregionen belegen, dass die Entscheidungsfindungen in vorbewussten und emotionalen Regionen unseres Hirns ablaufen, bevor sie in den Regionen des Frontalhirns, das heißt dem bewussten Verstand, aufleuchten. In Bezug auf die Kommunikation weiß man, dass diese überwiegend unbewusst, also auch mithilfe von

Körpersprache, den Sinnen und vielfältigen emotionalen Facetten und Wechselwirkungen erfolgt. Schlafen und Träumen gehören ebenso zu den unbewussten Prozessen. Sie dienen dem Loslassen, Verarbeiten und u.a. der Regeneration. Wenn der Schlaf dauerhaft gestört ist in Form von Einschlaf- oder Durchschlafstörungen, können wir krank werden.

**Träume** Eine Sprache oder ein Kanal des Unbewussten sind die Träume. Im Schlaf werden Erfahrungen sortiert, verarbeitet und neu miteinander verknüpft. In Träumen kommen oft ungelebte Bedürfnisse und manchmal auch Stress oder Kränkungen zum Vorschein, die der bewusste Verstand verdrängt. Achte auf die Nachrichten und Filme, die im Kino deiner unwillkürlichen Kraft laufen. In deinen Träumen findest du ggf. Antworten auf wichtige Lebensfragen und Bedürfnisse, die auf diese Art und Weise zum Vorschein kommen. Schau sie dir liebevoll an, indem du ein Traumtagbuch führst und mit den Themen in entspannten Momenten in Kontakt kommst. Nutze die Quellen des Unterbewusstseins und werde zum Regisseur deines Lebens und deiner Träume. Du kannst mit mehr Achtsamkeit und Bewusstheit darauf Einfluss nehmen. Innerhalb deines Alltags kannst du dir Zeit und Raum für fantasievolle Tagträume schaffen und in ihnen erleben, was in der Realität gerade nicht gut möglich ist.

## Vor dem Schlafen …

Schalte alles Technische mindestens zwei Stunden vor dem Schlafengehen für einen erholsamen Schlaf ab. Gestalte die Zeit vor dem Ruhen achtsam. Sorge für einen ruhigen, angenehmen Erholungsraum. Mache dir vor dem Einschlafen bewusst, was dir an diesem Tag Gutes widerfahren ist und wofür du dankbar bist. Träume und vorbewusste Zustände, beispielsweise kurz vor dem Einschlafen oder dem Wachsein, sind eine unerschöpfliche Quelle der Kreativ-

> ität. Die meisten Erfindungen, so sagt man, sind in vorbewussten Zuständen entstanden, oder sie wurden geträumt. Es sind faszinierende Phänomene, die derzeit immer noch rätselhaft sind. Um unbewussten Leuchtkräften auf die Spur zu kommen, braucht man nicht viel tun. Es gelingt in der Entspannung, in der Natur, im Traum, mithilfe von Kunst oder im Spiel (im professionellen Setting mit sog. analogen Methoden).

Probiere es aus und lass dich von deiner Fantasie überraschen und inspirieren:

*„Träume, die in deinen Tiefen wallen,*
*aus dem Dunkel lass sie alle los.*
*Wie Fontänen sind sie, und sie fallen*
*lichter und in Liederintervallen*
*ihren Schalen wieder in den Schoß.*

*Und ich weiß jetzt: wie die Kinder werde.*
*Alle Angst ist nur ein Anbeginn;*
*aber ohne Ende ist die Erde,*
*und das Bangen ist nur die Gebärde,*
*und die Sehnsucht ist ihr Sinn.“*

**Rainer Maria Rilke**

Die vor allem digitale Traumwelt birgt Gefahren und kann gefährlich für deine Gesundheit werden. Zum Beispiel der exzessive Gebrauch von Social Media, Computerspielen oder das Binge-Watching von Serien können gefährliche Verführer sein, um aus der Realität zu flüchten. Diese Erlebniswelten machen nicht glücklicher, sondern im übermäßigen Gebrauch schädigen sie deinen Selbstwert, die Selbstwirksamkeit und die gesunde Fähigkeit zur realen Lebens- und Beziehungsgestaltung. Folgen können Isolation, Depression und gesundheitsschädliches Suchtverhalten sein. Nutze die Technik sinnvoll und achte auf Grenzen.

*„Sag Ja dazu und stelle dich deiner Verantwortung."*

Mach dir bewusst: Virtuell stehen die Belohnungen zum Beispiel durch Konsum von Waren, Infos oder Filmen kurzfristig und explosionsartig zur Verfügung. Im realen Leben dagegen gibt es Enttäuschungen, Frust und Ärger, verzögerte Belohnungen und viel mehr wunderbare Dinge. Sag Ja dazu und stelle dich deiner Verantwortung. Beziehungen zu pflegen, ob real oder virtuell, ist Arbeit und ein viel größeres Vergnügen mit langfristigen Belohnungen. Lass dich nicht von großen IT-Konzernen, klugen Werbestrategen oder selbstverliebten Selfie-Darstellern hinters Licht führen. Zum gesunden Umgang mit negativen Gefühlen und Erzeugen von Selbstwirksamkeit, Zufriedenheit und guten Gefühlen hast du in diesem Buch eine Menge Schätze in der Hand.

# Intuition

Eine meiner Lieblingsgeschichten stammt aus dem Talmud, einem der bedeutendsten Schriftwerke des Judentums. Sie geht so:

> „Im Mutterleib flüstert der Engel Lailah dem ungeborenen Kind alles ins Ohr, was es für sein Leben wissen muss. Im Moment der Geburt, legt Lailah ihren Finger auf den Mund des Kindes, sodass es alles wieder vergisst. Das Wissen bleibt aber in seinem Herzen bewahrt und steht ihm dann zur Verfügung, wenn es dieses Wissen braucht. Von diesem Moment stammt die kleine Mulde auf der Oberlippe, Philtrum genannt."

Vielleicht hast du es schon als Kind gespürt, dieses große Gefühl der Verbundenheit mit dir, deinem Herzen und allem um dich herum. Vielleicht musstest du es gut verstecken oder hast es wie einen Mantel an der Lebensgarderobe auf dem Weg zum Schauspiel des Erwachsenwerdens abgegeben. Hin und wieder klopft es an und du schenkst ihm Beachtung. Aber die vernunftbesessene rationale Welt lässt es kaum zu, also bleibt es abseits in der Ecke und verstaubt. Durch kreative Einfälle und in Momenten, in denen dich die Muse küsst, in Phasen von Not, Krankheit, Krise, Abschied und Tod meldet es sich wieder zurück und erwächst zu einer ungeahnt großen Güte und Weisheitskraft, die alles umarmt.

Neben unserem Verstand und unseren Gefühlen haben wir unser unbewusstes Erfahrungswissen, die Intuition und das emotionale Körperbewusstsein, die sogenannten „somatischen Marker" als Quellen und Ressourcen für die gesamte Lebensgestaltung zur Verfügung. Zur Gehirn-Darm-Verbindung hast du schon etwas in Kapitel 4 gelesen, diese gehört auch dazu.

Wie oben schon beschrieben, läuft die Informationsverarbeitung zu überwiegenden Teilen unbewusst in Teilen des Gehirns, die nicht dem reinen Verstand zugänglich sind. Man weiß, dass das Gehirn unbegrenzte Möglichkeiten hat, verschiedene Zustände anzunehmen, die über die Zahl aller Atome des sichtbaren Weltalls weit hinausgehen können. Alle Zustände bewusst zu haben, würde uns komplett überfordern und aushebeln. Lass uns noch einmal einen kurzen Blick in die riesige Schatzkiste deines unbewussten Erfahrungswissens, deines Körpergedächtnisses, deines Bauchgefühls und deiner Intuition werfen.

**Körpersinn** Wenn du mit einer Latte macchiato die Treppe herunterreilst und dabei telefonierst, dich orientierst, anderen Eilenden in Sekundenschnelle ausweichst und trotzdem dein Gleichgewicht und deine Spur hältst und versuchst, deine Bahn zu bekommen, dann ist das eine erhebliche Leistung deines Unbewussten. Gleichzeitig nimmst du wichtige und unwichtige Umgebungsreize, also Menschen, Bilder, Lichter und Schatten, Gerüchte, Geräusche und vieles mehr, auf. Man spricht auch vom Körpersinn, der dir dabei hilft, die Schwerkraft spüren, das Gleichgewicht zu halten, die Muskelkraft entsprechend einzusetzen, zu spüren, wo dein Körper aufhört und dein Verstand hinwill. In dir gibt es ein komplexes Zusammenspiel deiner Strukturen, Muskeln, Organe und Nervenzellen, ausgehend vom Gehirn oder von anderen peripheren Bereichen, die Informationen senden.

**Unbewusstes Erfahrungswissen** Dein Gehirn unterstützt dich permanent, Wichtiges von Unwichtigem zu unterscheiden, deinen Stoffwechsel aufrechtzuerhalten, Komplexität zu reduzieren und dein Überleben zu sichern. Vielleicht begegnest du unterwegs der Liebe deines Lebens, dann hätte es dein Unbewusstes schon viel früher erkannt, unzählige Signale und Prozesse in Bewegung gesetzt und deine Handlung stärker beeinflusst als dein bewusster Verstand. Dein emotionales Erfahrungsgedächtnis schützt dich vor Gefahren und richtet zum Beispiel die Nackenhaare auf, wenn in der Umgebung ein

Reiz auftaucht, der gegebenenfalls schon einmal bedrohlich für dich war.

**Bauchgefühl** Unter anderem mithilfe von bildgebenden Verfahren, Beobachtungen und Befragungen – vor allem bei Menschen mit Einschränkungen und Verletzungen im Gehirn oder besonderen Fähigkeiten, wie einer erhöhten Gedächtnisleistung – ergründen Wissenschaftler weltweit die Dimensionen des Unbewussten. Ein Ergebnis ist, dass das Unbewusste einen viel größeren Einfluss hat, als bisher angenommen, und es auch ein ernst zu nehmendes valides Bauchgefühl gibt, unsere Intuition.

Die neuere Medizin hat längst Belege für die Hirn-Bauch-Verbindung gefunden und entdeckt tägliche neue, also eigentlich alte faszinierende Dinge. Die Wissenschaft widerlegt ursprüngliche Annahmen von der Trennung des Seelisch-Körperlichen, der Messbarkeit oder Vorhersehbarkeit der Welt und des Menschen.

*Mithilfe von Achtsamkeit kommen wir unserer Intuition, unserem unbewussten Körperwissen und dem Bauchgefühl näher.*

Es gibt vieles im Leben, was für uns derzeit weder erklär- noch messbar oder vorhersehbar ist. Gott sei Dank. Offen sein für die Wunder des Lebens, das ist es doch, worauf es ankommt. Die Intuitionskraft ist ein solches Wunder.

In der Tierwelt spricht man von **Instinkt**. So fliegen Insekten z.B. ins Licht, wenn sie die Orientierung verloren haben. Bei Vögeln entdeckte man eine Art Frühwarnsystem für Wirbelstürme[16] als man beobachtete, dass sie schon Tage, bevor ein Tornado auftauchte, ihre Richtung änderten und sich in Sicherheit brachten. Forscher vermuten, dass Vögel auf Infraschall reagieren, den heftige Stürme produzieren. Weiterhin zeigten Fische oder Säugetiere oft seltsames Verhalten vor großen Naturkatastrophen, wie Erdbeben, Tsunamis oder Vulkanausbrüchen.

Auch Menschen haben Vorahnungen oder stimmige Bauchgefühle. Manchmal ereilen sie uns im Schlaf, wenn wir träumen und im Gegensatz dazu, wenn es richtig laut ist, zum Beispiel auf einer Party. Vielleicht kennst du dieses seltsame Gefühl, wenn du bemerkst, dass dich beispielsweise jemand von hinten anstarrt, du dich umdrehst und es dann tatsächlich stimmt. Viele Menschen sind wetterfühlig und reagieren mit Stimmungsschwankungen und allerlei Symptomen, wenn sich Umgebungsbedingungen, wie zum Beispiel der Luftdruck, die Feuchtigkeit oder die Temperatur schlagartig ändern. Unser Bauchgefühl hilft uns auch bei komplexen Entscheidungen, wie bei der Partner- oder Wohnungssuche, bei der Entscheidung für den geeigneten Arbeitgeber, bei einer (kosten- und zeitintensiven) Weiterbildung, beim Autokauf oder bei der Urlaubsplanung.

Mithilfe von Achtsamkeit kommen wir unserer Intuition, unserem unbewussten Körperwissen und dem Bauchgefühl näher. Der Verstand lässt sich mit Achtsamkeit besser in den Ruhemodus bringen und den Fokus auf den Moment, die Sinne, die inneren Bewegungen, die Bedürfnisse und die Herzenskraft lenken.

16 Henry Streby von der University of California in Berkeley: https://www.sueddeutsche.de/wissen/naturkatastrophen-voegel-als-fruehwarnsystem-1.2274826

# Stress loslassen und Entspannung

Gesundes Geschehen ist durch ein angemessenes Verhältnis zwischen An- und Entspannung gekennzeichnet. Lange und intensive Perioden von Anstrengung und Aktivität brauchen auch Phasen der Entspannung und Regeneration. Entspannung ist ein natürlicher Prozess und gehört zur gesunden Stressregulation. Wenn der natürliche Rhythmus zwischen An- und Entspannung dauerhaft unterbrochen wird, kann Stress krank machen. Das ist hinreichend bekannt. Zunächst schafft das seelische und körperliche System eine Art „Ausgleich" im akuten Stress, das heißt, zusätzliche Reserven werden aktiviert. Bleiben die Anspannungssituationen bestehen und fehlen die Bewältigungsmöglichkeiten, sind die Reserven erschöpft und Stress wird chronisch bis hin zu psychosomatischen Symptomen. Entspannung kann wiedererlangt und gelernt werden. Mithilfe von Atem- und Entspannungstechniken nähren wir das aktive sympathische Nervensystem (z.B. Muskeln) und können auf das autonome Nervensystem (z.B. Verdauung, Hormon- und Immunkreisläufe) aktivierend Einfluss nehmen.

Hier liste ich nochmals die Wege zur Entspannung auf:

- bewusster Atem und ausruhen
- schöne Tagträume, erholsamer Schlaf (www.schlaf.de/ratgeber/schlafhygiene/)

- Natur, Bewegung (Spaziergang, Laufen, Schwimmen etc.)
- Progressive Muskelrelaxation (PMR) oder Autogenes Training
- Achtsamkeit, Meditation, Yoga, QiGong etc.
- Sauna*, Warm-Kalt-Wechselduschen/ -bäder (Hitze fördert die Bildung von speziellen Proteinen, welche andere Proteine wie z.B. Enzyme oder Hormone schützen und reparieren. Sie erhöhen die Lebenserwartung und die geistige Fitness. Diese Proteine verhindern auch die Verklumpung von körpereigenen Proteinen und senken damit das Risiko für Erkrankungen von degenerativen Hirnerkrankungen, z.B. Demenz. Außerdem verlangsamen sie den Abbau von Muskelmasse.) Quelle: Clinical Effects of regulär Dry Sauna Bathing, eCAM 2018, www.sauna-bund.de
- Musik, Kunst und Kultur
- Austausch und soziale Verbundenheit
- bewusstes Loslassen: Reflexion der Stressoren, Priorisieren, Delegieren, Unterstützung holen, Distanzierung von Problemen

# 2SACHT-Übung zur Progressiven Muskelrelaxation

Nimm dir 8-20 Minuten Zeit. Suche dir einen ruhigen, angenehmen Platz. Du kannst sitzen oder liegen. Werde dir deines Körpers und deiner Atmung gewahr. Lasse die Gedanken für einen Moment ruhig werden. Setze die Sorgen und Gedanken auf eine Wolke am Frühlingshimmel und lasse sie davontragen. Loslassen, wie ein Luftballon, der leicht gen Himmel steigt … während dein Körper angenehm schwer und warm wird. Atme gut ein und aus. Du spürst eine gute Verbindung zum Boden.

Lenke deine Konzentration nun auf deinen rechten Arm, deine rechte Hand. Atme weiter gut ein und aus. Achte auf dein Ausatmen. Ausatmen ist Loslassen. Während du weiter ein- und ausatmest, spanne langsam aufbauend die ganze Muskulatur im rechten Arm an. Balle die Hand zur Faust und beuge deinen Ellenbogen zur Schulter, sodass sich die Anspannung spürbarer erhöht. Halte die Spannung ein paar Sekunden. Lasse mit dem nächsten Ausatmen die Spannung wieder langsam los und öffne die Beugung. Die Hand geht langsam zurück in die Ausgangsposition. Lasse die Spannung über deine Hand und die Finger ausströmen. Stelle dir vor, wie die Spannung vom Kopf über deine Schultern über die Hände hinaus aus deinem Körper fließt ... Wiederhole das Ganze drei- bis sechsmal und spüre die Unterschiede in Schwere, Wärme, Fließen, Abschalten etc. Vielleicht bemerkst du einen Unterschiede zum linken Arm.

Atme tief ein und aus. Verlagere deine Aufmerksamkeit auf deinen linken Arm und wiederhole das Ganze wie zuvor beschrieben. Spüre nach und vergleiche deine rechte und linke Seite. Gehe mit deiner Aufmerksamkeit weiter zu deinen Beinen und Füßen und baue auch wieder die Anspannung jeweils nacheinander erst rechts und dann links auf und ab. Spüre nach. Lass die Spannung wohlig aus deinem Körper strömen ... hinab zum Boden ... aufgenommen von der Unterlage ...

Wenn du magst, spanne abwechselnd und nacheinander alle wichtigen Körperbereiche an und lass los. In diesem regelmäßigen Wechsel zwischen An- und Entspannung wirst du erstaunliche Entspannung und Wohlgefühl erfahren.

Zum Abschluss spanne deinen Körper nochmal an und lass los, atme drei- bis viermal tief ein und aus. Schüttle deine Hände, Arme und bewege deine Füße (in Kreisen oder auf und ab). Kehre frisch und entspannt mit deiner vollen Aufmerksamkeit zurück zum Geschehen. Es ist wie immer: Übung macht den Meister. Nach ein paar Mal stellt sich die Entspannung früher und leichter ein. Es gelingt mehr und mehr und besser, die Gedankenkreisläufe zu unterbrechen. Wiederhole die Übung, wenn sie dir guttut mehrmals täglich/wöchentlich.

Anhören: www.sacht-institut.de/2sacht-pmr.html

und Altlasten, Raum und Zeit für Abschied und Trauern, Fokus auf Neubeginn

# Spiritualität

Intuition steht auch mit einem guten Körperkontakt und der Atmung, sogar mit Spiritualität in Zusammenhang. Unser Begriff Spiritualität geht zurück auf das Lateinische: „spiritus“ bedeutet Geist, Hauch und „spiro“ heißt: ich atme. Wikipedia erläutert, es gehe um „die Suche, die Hinwendung, die unmittelbare Anschauung oder das subjektive Erleben einer sinnlich nicht fassbaren und rational nicht erklärbaren transzendenten Wirklichkeit, die der materiellen Welt zugrunde liegt“ (https://de.wikipedia.org/wiki/Spiritualität).

Spiritualität ist etwas Geistliches Außersinnliches, vielleicht Göttliches. Es steht für die Verbindungskraft zu „höheren Ebenen/Energien“. Sie kann auch mithilfe von Religion erreicht werden, muss aber nicht. Sie gehört zu den wichtigen Bedürfnissen und Haltgebern für Menschen. Hattest du schon spirituelle Erlebnisse? Gerade hochsensible Menschen oder Menschen mit Beeinträchtigungen berichten häufig von spirituellen Erfahrungen oder Fähigkeiten. Falls du noch keine hattest, heißt das nicht im Umkehrschluss, dass du wenig sensibel etc. bist. Sie kann sich in verschiedenen Formen und Zuständen, vielleicht durch ein Gefühl von Wärme, Aufgehobensein, Verbundensein oder Energie zeigen. Man spürt, wenn sie da ist und wenn sie abhandengekommen ist. Spiritualität kann man manchmal erst durch Krisen und Ausnahmezustände entdecken und als hilfreich erleben.

Alles in allem sind Intuition, Achtsamkeit und Spiritualität wichtige Ressourcen und Kraftquellen, besonders in Krisenzeiten. Sie eröffnen neue Möglichkeiten des Denkens und Auftankens. Mit ihnen kommt man dem Leben sehr nah. Sie ermöglichen Abstand, neue Sichtweisen auf die Dinge, Kraft und ein spürbar anderes gutes Gefühl sowie Handlungskompetenz. Menschen in Extremsituationen haben oft auch mit der Kraft der Spiritualität überlebt.

*„Intuition, Achtsamkeit und Spiritualität sind wichtige Ressourcen und Kraftquellen, besonders in Krisenzeiten."*

Überlege, wann nützt dir dein Verstand und wann dein Bauchgefühl. Wir brauchen beides. In unseren vernunftgetriebenen Welt haben wir die andere große Kraft in uns oft belächelt und vernachlässigt. Wo sind wir damit gelandet? Der kleine Prinz von Antoine de Saint-Exupéry formuliert es so: „Nur mit dem Herzen sieht man gut, das Wesentliche ist für die Augen unsichtbar."

Sogar Albert Einstein soll seiner Intuition mehr vertraut haben als seinem Intellekt und hat das ganze Weltwissen auf den Kopf gestellt. Verrücktsein, in dem Sinne, die eingefahrene, immer gleiche Perspektive auf die Dinge leicht zu „verrücken", ist normaler und manchmal näher an der Wahrheit, als du denken magst.

„Also, hör auf deinen Bauch", fordert die Sängerin Sarah Connor uns singend in ihrem Album „Herzkraftwerke" auf … und tanze, lausche, öffne deine Sinne und dein Herz und vertraue auf die Signale, die dir deine Intuition und Spiritualität mithilfe von Achtsamkeit schicken.

# Leuchtkräfte to glow

Achtung, jetzt wird es heißer,
heller und dunkler.

# 9. Leuchtkraft:

## Ein Schimmer geht immer

# Funkeln im Dunkeln – die Kehrseite von Konflikten und Krisen

*„Ich liebe meines Wesens*
*Dunkelstunden,*
*in welchen meine Sinne sich vertiefen;*
*in ihnen hab ich, wie in alten Briefen,*
*mein täglich Leben*
*schon gelebt gefunden*
*und wie Legende weit*
*und überwunden.*
*Aus ihnen kommt mir Wissen,*
*dass ich Raum*
*zu einem zweiten zeitlos breiten*
*Leben habe."*

(Rainer Maria Rilke)

# Ein anderes Licht auf Konflikte

Das Leben ist ein ewiges Auf und Ab und ein buntes Mosaik voller schöner, schwerer und lehrreicher Erfahrungen. Das Leben ist auch voll von Enttäuschungen. Sie beruhen meist auf Krisen und Konflikten und führen wiederum zu Konflikten und Abschieden. In der Enttäuschung steckt wie gesagt der „Tausch" drin. Dieser gehört zum Menschsein, nicht nur im Handel mit Waren und Geld, sondern eben auch in den Erwartungen, Beziehungen, Sichtweisen, Umgebungen. Deswegen gilt es, Enttäuschungen und Konflikte „willkommen" zu heißen, wie die Fehler und Krisen. Da sie lebenslang auftretend und derart lebensbestimmend sind, wird es Zeit, einen positiven Blick auf diese abgedunkelten Leuchtkräfte zu werfen.

Konflikte gehören zu Beziehungen wie die Luft zum Atmen. Sie bezeugen die Unterschiedlichkeit von Menschen, deren Wahrnehmungen, Entwicklungshintergründe und aktuellen Kontexte. Sie dienen oft dazu, wichtige Bedürfnisse sichtbar zu machen und Grenzen zu setzen, wenn etwas nicht rund läuft.

Es gibt immer auch gute Gründe dafür, das eigene Konfliktverhalten nicht „einfach so" zu ändern. Denn gerade lang anhaltende Konflikte haben eine wichtige Funktion und einen gewissen Nutzen, zum Beispiel in Form von Stabilisierung für die einzelnen Beteiligten und das Gesamtsystem.

Konflikte können konstruktiv sein, also entwicklungsförderlich und lösend, ungelöst jedoch oft destruktiv enden, nämlich im sogenannten „K.o.". Ich schlage einen Tausch vor: Wie wäre es, wenn wir das Wort Konflikt aufsplitten in „Ko" und „flicken", um nicht „k.o." zu gehen. Da finden wir nämlich bei „Ko", die „Kooperation" und „etwas flicken", also wieder „reparieren". Damit können wir vielleicht eher Ja zu Konflikten sagen. Eine konstruktive Einstellung ist für die Lösung sehr nützlich. Mögliche Konsequenzen wären, dass Streitpartner

Interesse aneinander entwickeln, sich einander wieder zuwenden. Dadurch erweitern sich die Perspektiven. Die Angst schrumpft zugunsten von Vertrauen und Kreativität, sodass die guten Ideen sprudeln.

Dazu eine Geschichte:

## Recht haben

Die Bewohner eines Dorfes waren daran gewöhnt, Streitigkeiten einer weisen Frau vorzutragen, auf deren Rat sie große Stücke hielten. So kamen auch ein Mann und eine Frau, die sich nicht einig waren, zu der weisen Frau, um ihre Sicht darzulegen. Die Streitende schilderte der weisen Frau ihre Argumente. Die weise Frau lauschte jedem der Worte, dachte nach und antwortete: „Du hast recht."
Daraufhin legte der Mann seine Gründe dar. Wiederum hörte die weise Frau schweigend und geduldig zu, überlegte dann, um schließlich zu antworten: „Du hast recht."
„Wie kann das sein", fragten die beiden. „Wie können wir beide recht haben, das geht doch gar nicht."
Wieder dachte die weise Frau einen Augenblick nach und antwortete dann: „Stimmt. Ihr habt Recht."[16]

… und so waren die beiden sich zumindest in dieser Hinsicht wieder einig.

Günstig für Konfliktlösungen sind:

- eine Ja-Haltung zu Problemen und Konflikten
- die Sicht auf Lern- und Entwicklungsmöglichkeiten

17 Die Geschichte ist neu formuliert. Das Original ist zu finden in: Gregory M. Corrigan: Die Spiritualität der Unvollkommenheit

- auf die dahinter liegenden Bedürfnisse und zum Vorschein kommende Gefühle achten
- ein Gefühl des Verstehens und Verstandenwerdens, Verständnis haben
- ein Gefühl von Sicherheit
- Perspektivwechsel einnehmen können
- nicht anzuklagen, sondern die Eigenverantwortung wahrzunehmen
- in Beziehung/in Verbindung bleiben
- Ich-Aussagen (Was nehme ich wahr? Wie geht es mir? Wie wirkt der Konflikt auf mich?)
- auf Auswirkungen von Gesagtem, Entscheidungen und Konsequenzen achten
- Fehlverhalten im Zusammenhang betrachten, die „guten Gründe" und letztendlich Bedürfnisse achten und erkennen
- Fehler, Enttäuschungen nicht auf die gesamte Person beziehen, das „Immer/Ständig" vermeiden oder den Charakter nicht zu generalisieren, sondern konkretes, aktuelles Verhalten beachten und benennen
- ehrlich und authentisch Feedback geben
- konstruktiver Austausch von Bedürfnissen, Wünschen, Ängsten etc.
- die Betrachtung der Situation mit Abstand (Meta-Ebene)
- sich vorstellen, was wäre, wenn der Konflikt gelöst wäre
- sich Hilfe und Unterstützung holen, wenn die Lösung allein nicht möglich ist

Konflikte lassen sich mit einem konstruktiven Kommunikationsverständnis besser beleuchten und leichter ertragen bzw. austragen. Zur Kommunikation hast du schon in Kapitel 3 gelesen oder in Kapitel 7 etwas von Virginia Satir. Von ihr haben wir auch die Idee, unterschiedliche Konflikthaltungen als „Überlebenshaltungen" der Seele auf Unstimmigkeiten zu verstehen. Das finde ich sehr hilfreich, da wir damit den Schuld-, Scham-, Anklage-, Rechtfertigungskreislauf gut unterbrechen können und konstruktive Wege im Umgang mit Spannungen und Konflikten finden können.

## SACHT-2Go-Selbstcoaching Konflikte 1

Es gibt unterschiedliche Konflikttypen/Haltungen. Alles sind auch sogenannte seelische Überlebenshaltungen auf die Bedrohung des eigenen Selbst nach Virginia Satir. Eine Haltung ist weder besser noch schlechter als die andere. Menschen, die diese Haltungen einnehmen, agieren aus einer Art Mangel heraus. Erkenntnisgewinn und Bewusstmachen ist ein Weg aus dem Mangel. Ein anderer wäre die Ressourcensicht und die Bedürfnisbeachtung, die wiederum der Mangelbeseitigung und damit konstruktiven Verbindung führt. Zu welchem Konflikttyp neigst du in den meisten Situationen:

- anklagend
- beschwichtigend
- rationalisierend
- ablenkend

Lass uns nun eine andere Brille aufsetzen und die Ressourcen der Konflikttypen/Haltungen (angelehnt an V. Satir) beleuchten:

anklagend

- Aktion
- Tempo
- Entschiedenheit
- Ordnung
- Effizienz
- verbales Ausdrucksvermögen

**beschwichtigend**

- Empathie
- Harmonie
- Zugehörigkeit
- Gründlichkeit
- Wertschätzung
- Beziehungspflege

**rationalisierend**

- Intellekt
- Reflexion
- Vernunft
- Integration
- Komplexität
- Ruhe

**ablenkend**

- Kreativität
- Spontanität
- Humor
- Leichtigkeit
- Sicherheit
- gesunde Ignoranz

Worauf möchtest du ab jetzt achten? Welche Brille setzt du auf, die Defizit- oder die Ressourcenbrille?

Spannungskreisläufe können destruktiv oder konstruktiv sein

## NEGATIV / DESTRUKTIV

**Spannung, Unstimmigkeit ➪ Bewerten/Abwerten/Tunnelblick/ Schwarz-Weiß-Denken/Anklagen/Beschwichtigen/Rationalisieren/ Ablenken ➪ Vertrauensverlust/Angst/Schuldgefühle/Schamgefühle ➪ Spannung/Unstimmigkeiten ➪ Misstrauen/Anklagen/Abwerten/ Urteilen, Rechtfertigen/Beschwichtigen/Rationalisieren/Ablenken ➪ Selbstabwertung/Fremdabwertung/Verurteilung/Angst/Ohnmacht/ Schädigung/Gewalt**

**➪ Verletzungen, Spannungen, Unstimmigkeiten ➪ ...**

## POSITIV / KONSTRUKTIV

Spannung, Unstimmigkeit ➪ Beachten ➪ Ja-Haltung ➪ Vertrauen in sich selbst und andere/in die Lösung/Mut ➪ Verständnis für sich und andere ➪ Gefühle, Bedürfnisse und Wünsche beachten/Mitgefühl ➪ neue Blickwinkel/Lösungsversuche ➪ Begegnung/ Perspektivwechsel/ Annäherung der Sichtweisen/Entspannung/Vertrauenszuwachs ➪ gute Erfahrungen/Gelungenes/Gefühle von Vertrauen, Verantwortung, Selbstwirksamkeit ➪ Neugier/Offenheit für Neues und Anderes ➪ Spannung/Unstimmigkeit/Vertrautes vs. Gewohntes loslassen ➪ ...

**Wiedergutmachung** Übrigens führen Strafen kurzfristig vielleicht zum Erfolg, langfristig jedoch oft zu mehr destruktivem Verhalten, da sie Schuld- und Schamgefühle schüren. Es wäre sinnvoller, den Scheinwerfer auf Wiedergutmachung zu richten. Damit sind die Selbstverantwortung, der Dialog, die Würde und positive Zukunftsgestaltung mit im Spiel. Vielleicht setzt du beim nächsten Streit mal eine neue Brille auf und wählst im ganzen Rummel das andere (konstruktive) Riesenrad.

# Die Kraft aus Brüchen, Schicksalsschlägen und Scheitern

Wie du weißt, passiert im Theater des Lebens einiges, das nicht im Drehbuch steht. Unerwartetes prescht auf die Bühne und dann auch noch oft von hinten rechts durchs Herz.

## Unfallbrüche

Ich war 25 Jahre alt, bis über beide Ohren verliebt, zwei Monate frisch verheiratet und gerade zurück aus den Flitterwochen. Ich hatte einen verantwortungsvollen Job in einem Weltunternehmen und lebte in einer großen Altbauwohnung in Berlin. Ich hatte noch so vieles vor. Es schien den ganzen Tag die Sonne in meinen schicken Büroturm im Zentrum der Hauptstadt, so entschied ich mich, ein wenig früher als üblich Feierabend zu machen. Ich stieg auf mein Fahrrad und freute mich auf einen romantischen Spätsommerabend auf der Picknickdecke im Park mit meinem Mann. Minuten später flog ich fünf Meter durch die Luft und landete auf hartem Asphalt. Ich spürte einen unfassbar starken Schmerz am Kiefer, im Becken und Rücken und kurz darauf hin gar nichts mehr. Plötzlich bemerkte ich eine Person, die ein paar Meter Entfernung am Straßenrand in völliger Starre stand. Einige Minuten später tauchte eine Polizistin vor meinen Augen auf und fragte mich, ob ich mich bewegen könne, später fand ich mich im Krankenwagen.

In meinem Kopf kreisten die wildesten Gedanken und Ängste, ich spürte meine Beine nicht mehr. Gleichzeitig war ich ganz ruhig, wie auf Droge, und plante weiter an meinem Projekt zu einem innovativen Lernprogramm im Verkehrsmanagement. Ich fragte mich, wie soll ich nur den Projektplan schaffen, wenn ich doch jetzt ins Krankenhaus muss und Zeit verliere. Zwischendrin schossen immer wieder Bilder des Unfalls durch den Kopf. Ängste stiegen vom Inneren des Körpers auf und die Fragen, was wäre, wenn ich nicht mehr laufen könnte und vielleicht nie Kinder bekäme. Ich musste meinen Mann kontaktieren und zückte mein Handy, informierte ihn ganz sachlich, wo ich lag und hinfuhr. Ich weiß es nicht mehr, meine Eltern muss ich wohl auch noch verständigt haben, Filmriss. Dann lag ich voller Schmerzen in und unter irgendwelchen Geräten, die metallene Geräusche machten und laut pochten. Irgendwann kullerten die Tränen und ein Gefühl von größter Ohnmacht stellte sich ein. Die Ärzte konnten mir diesen Abend nicht sagen, was mit mir los war. Ich wusste nur, es ist ziemlich ernst. Ich wurde in einem Zimmer untergebracht, in dem eine alte Dame lag. Da war ich immer noch unter Adrenalin (Stresshormon) und Dopamin (körpereigenes Schmerzopiat) und konnte die ganze Nacht kein Auge zu tun. Jetzt kommt das Absurde, was eben zum Leben gehört.

Das Mütterchen empfand mich als „Eindringling“ und beschimpfte mich in dieser schicksalhaften Nacht die ganze Zeit mit hässlichen Worten. In der psychiatrischen Fachsprache nennt man so etwas „Tourette-Syndrom“. Ich sagte gar nichts, war in einer Schockstarre. Nach und nach kroch eine fürchterliche Angst in mir hoch und dann wieder die Gewissheit, dass alles gut wird. Ich lebe. Ich dachte: „Irgendwie hast Du recht, altes Mütterchen. Ich bin ein richtiges Arschlosch, ein Schwein.“ Ich war jahrelang aus perfektionistischen Gründen über meine körperlichen Grenzen gegangen. Schon als Jugendliche und im Osten sozialisierte Leistungssportlerin habe ich gelernt, über meine Bedürfnisse und meinen Schmerz hinwegzugehen für das große Ziel des Erfolgs. Ich ging ohne größere Pause nach dem Abi mit 18 zum Studium, hatte innerhalb der Regelstudienzeit mit ca. 42 Semesterwochenstunden ein Diplomstudium in Psychologie erfolgreich absolviert mit drei anstatt zwei Schwerpunktfächern und zusätzlich ein Grundstudium BWL, acht Praktika in unterschiedlichsten Bereichen gemacht, gelernt, gefeiert, geschlafen, gearbeitet, gelernt, gefeiert, Diplom gemacht, kurz ins Ausland gegangen und mit 23 Jahren einen ungewöhnlichen und aufregenden Job in einem amerikanischen IT-Unternehmen angefangen, dann nach Berlin gezogen und in ein weiteres Großunternehmen ziemlich weit oben (im Turm) umgestiegen, interessante Projekte mit großen Budgets verantwortet; zwischendrin eine mehrjährige Coachingausbildung angefangen, mehrere Wohnungen renoviert und Umzüge überstanden, die Liebe meines Lebens gefunden und einen großen gemeinsamen Lebensplan entworfen.

Ich hatte trotz Sportlerleben den Kontakt zu meinem jungen Körper und seinen Grenzen völlig verloren, war mit dem Kopf schon zehn Schritte voraus, immer nach dem Motto einer Leichtathletin „höher, schneller, weiter …".

Eine Autofahrerin hatte ihre Tür, unbemerkt, dass ich von hinten mit dem Fahrrad komme, in diesem Moment geöffnet, als ich neben ihr war. Sie war so erschrocken und im Schock, dass sie keine Erste Hilfe leisten konnte. Wie durch ein Wunder fuhren in diesen Momenten keine Autos auf dieser sonst vielbefahrenen Straße in der Nähe des Potsdamer Platzes und zufällig kam ein Polizeiwagen mit Polizisten vorbei, die mich von der Straße in Sicherheit brachten und umgehend medizinische Hilfe verständigten. Dafür bin ich dankbar und auch dafür, in einem Land zu leben, in dem die medizinische Betreuung für mich funktioniert hat und hilfreich war, meine Familie und Freunde mich unterstützt haben, ich aufgrund von fähigen Fachkräften, einer Unfallversicherung und der Berufsgenossenschaft bestens versorgt wurde und gesund geworden bin.

Die gute Nachricht: Heute kann ich laufen, fahre wieder Fahrrad und habe zwei wunderbare Kinder geboren. Am Morgen im Krankenhaus sprach ich die ältere Dame an und fragte sie, was der Grund für ihren Aufenthalt sei, ob es ihr gut gehe. Ich fügte hinzu, dass ich froh sei, in dieser miserablen Lage nicht allein im Zimmer zu sein. Sie reagierte sehr freundlich, und ich erlebte eine ganz andere Seite an ihr. Wir plauderten unter Schmerzen und irgendwann fragte ich sie, was die vergangene Nacht los war, sie bestimmt mich nicht mit ihren Beschimpfungen gemeint habe und wir beide doch entspannt gesund werden wollen. Danach waren wir die gemeinsamen Krankenhaustage richtige Kumpelinnen.

Einige Monate nach dem Unfall, als es mir besser ging, verstand ich, wie wichtig und gut dieser Unfall für mich war. Ausgebremst auf dem Höhenflugrausch und in der Leistungssucht, zurück zum Körpergefühl, wenn auch über eine Bruchlandung, mit höllischen Schmerzen und vielen Knochenbrüchen.

Die Leistungssucht fällt mich leider immer wieder an, später kamen andere Schicksalsschläge hinzu. Ich akzeptiere diese auch als eine wichtige Seite von mir, die mich zu Höchstleistungen treibt und immer wieder ungeahnte Kräfte geweckt hat. Nicht nur sie, sondern auch die Kraft der Liebe und Verbundenheit und anderen Leuchtkräfte, von denen dieses Buch handelt.

## Gesellschaftliche Umbrüche

Ein großer Bruch in den Biografien, Beziehungen und Erwartungen war die Wende 1989. Gerade für die Ostdeutschen hat sie tiefe Einschnitte und auch Bereicherung gebracht.

Die Wende preschte übers Radio direkt in meine pubertäre Welt. Als hätte man nicht schon genug mit sich und den inneren Dynamiken zu tun, wurde ich betroffene Zeitzeugin einer der größten Systemumbrüche überhaupt in der Geschichte. Mutige Menschen hatten sich 1989 zusammengetan, sind auf die Straße gegangen, für Demokratie, Freiheit und ein gewaltfreies Miteinander zu demonstrieren.

Die Nachricht der Maueröffnung völlig surreal und wundervoll zugleich. Die Ereignisse schlugen blitzartig auf uns ein, Neuigkeiten überschlugen sich. Bis heute lassen sich die Erinnerungen kaum in eine sinnvolle Reihenfolge bringen. Wir erlebten, zum Beispiel in der Schule, wie innerhalb von Tagen alte starre „Wahrheiten“, Regeln und dazugehörige Menschen ausgewechselt wurden; wie Orientierungslosigkeit, Anarchie oder Chaos die bisher vertraute strenge Struktur und Hierarchie verdrängten; wie die Schulpflicht mit der eigenen Wahl, eine Demo zu besuchen, in den Hintergrund trat. Situations- und Zeitwahrnehmung als entgrenztes Phänomen, für mich wahrscheinlich das erste richtige bewusste Erleben von Chaos und Systemik.

Für unsere Generation öffnete sich das Tor zur Welt und mit ihm alle bisher ungeahnten Möglichkeiten und Reisen. Ich konnte studieren, was und wo ich wollte. Für mich war die Wende in der Erinnerung in erster Linie eine Geruchsrevolution. Der Westen roch ganz anders … so gut, dass das limbische System die Neugier in unsere Augen, Hoffnungen von Wohlgefühl in unseren Kopf und Hinbewegungen in unsere Muskeln zauberte.

Bei all der Euphorie und dem Freiheitsjubel blickten wir auch in fragende, oft ratlose Gesichter der Erwachsenen, in Augen, die Wandel oder Freiheit diesen Ausmaßes nicht kannten. Vielleicht sahen sie auch das Unheil kommen, ohne es zu wissen. Die Grenze öffnete sich und schloss sich auf anderen Seiten wieder. Grenzenlos waren eben nicht das Zugehörigkeitsgefühl, die Arbeitsmöglichkeiten, die Möglichkeiten für Existenzsicherung und Wohlstand. Vor den unzähligen Optionen stand die Mauer der realen Chancen und Machbarkeit. Grenzen verschoben sich in andere Dimensionen. Grenzen gab es aus unserer Wahrnehmung von der anderen Seite zum Verständnis rund um die Ost-Identität, deren Geschichten und zur Würdigung des Gelungenen.

Während der Wendezeit wurden Große klein und Kleine prompt erwachsen, oft ohne Orientierung und im Selbstversuch. Angst, Starre im Wechselbad mit Freiheitsdrang und Freude über die neuen Möglichkeiten. Viele unserer Eltern hatten mit sich und existenziellen Fragen zu tun, versuchten zu verstehen, fleißig zu lernen und in ihren Betrieben weiterzuarbeiten oder versuchten einen Neuanfang, nicht ganz freiwillig. Hoffnungen schwanden, Enttäuschung traten auf die Bühne. Mit Enttäuschungen war man gewohnt umzugehen als „Normal-Ossi", sich zu arrangieren, zu improvisieren. Aber diese neue Art von Enttäuschungen hatten eine andere Qualität, die bisher Bekanntes erschütterte, bis ins Herz und an die Nieren ging; auf die Psyche schlug.

Die Mauer öffnete neue lichtvolle Horizonte, gleichzeitig wurde es in vielen Seelen ganz dunkel.

Nach der Wende stiegen die Angst- und Depressionserkrankungen im Osten deutlich. Die kollektive Depression war für mich als aufblühende Jugendliche und junge Erwachsene deutlich spürbar in persönlichen Familienschicksalen oder beim Fahren durch heimische Landschaften als Heimkehrerin. Hoffnungsversprechen von politischer Seite entpuppten sich im Lebensalltag der Ostdeutschen als oft kleine und manchmal übergroße Berge des Betrugs, der Arbeits- und Würdelosigkeit, die sich mit Tälern der Hoffnungslosigkeit, Wut und Trauer abwechselten. Für viele Menschen im Osten endete die Reise in perspektivischem Ödland. Ausbildungsabschlüsse und bisherige Arbeitserfahrungen wurden oft nicht anerkannt, und viele Menschen mussten von vorn beginnen. Große Betriebe, Arbeitsstätten wurden geschlossen, die Menschen und Familien, übrigens auch den Nichtleistungsträgern, lange Zeit nicht nur Einkommen sicherten, sondern auch Zugehörigkeit zur kollegialen Gemeinschaft.

Wir sahen die Kulturstätten verkommen, einst Orte des Vergnügens, wie Kinos, Theater, Schwimmbänder, zunächst mit gebrochenen Glasscheiben, verbarrikadierten Türen und Graffitiwänden, später Bauruinen mit kaputten Dächern, bis die grüne Wiese übrig blieb … ganze Friedhöfe ehemaliger Wirkstätten.

Gleichzeitig wurden die Luft und Flüsse sauberer, die Städte und Straßen gerettet, schön gerichtet und übermäßig viele leuchtende Konsumtempel gebaut.

Viele Menschen haben schmerzlich erfahren, dass Konsum nicht glücklich macht, vor allem nicht, wenn einem die finanziellen Mittel fehlen. Sie haben erkannt, dass Arbeit glücklich machen kann, und so viel mehr fehlt als das Einkommen, wenn sie weg ist. Sie haben die Mühen, Identitätsbrüche auf sich genommen, angepackt, sind durchgestartet und konnten mal leichter, mal schwerer ein neues Leben mit mehr Wohlstand aufbauen, das aber auch große Verluste (wie Verständnis, Werte, Beziehungen, Identitäten, Kulturen, Riten …) mit sich brachte. Einige Menschen sind daran zerbrochen, andere wiederum stark, flexibel, innovativ aus der Krise gewachsen.[18]

In einer Zeit, in der Spaltungen im Kleinen und in der Gesellschaft zunehmen, ist es mir wichtig, auch aufgrund meiner Vor- und Nachwendeerfahrungen, auf das Verbindende zu achten, auf das Sowohl-als-auch und nicht das Entweder-oder. Durch unterschiedliche Erfahrungen, die Umbrüche um die Wende, die Krisen und den Austausch konnten die Menschen erfahren, dass gerade daraus unschätzbare Ressourcen und kreative Energie entstanden sind … etwas Wertvolles, das einen trotz Brüchen mit Verlusten und Leiden trägt, das man weitergeben und das vielen Menschen, vor allem in neuerlichen Krisensituationen, nützen kann.

---

18 Anett Renner. Von Blitzgewittern in den Pubertätsjahren zur Systemischen Achtsamkeit. In: Vom Träumen und Aufwachen. Carl Auer Verlag; 2021

Übrigens: Die Wende, gemeint als „Haltungswechsel" geht in Sekundenschnelle. Schlimmer geht ja bekanntlich immer. Stopp. Wir streichen einfach das „l". Ein „Schimmer Konstruktives geht immer." Potenziale werden sacht entfacht. Ganz einfach.

## Ein schwerer Anfang

Ein Mädchen kam als Frühchen auf diese Welt. Sie hatte es nicht leicht, hier richtig anzukommen. Ihre Sinne und ihre Seele brauchten lange, um sich an die intensive Realität mit den vielen Sinneseindrücken zu gewöhnen. Sophie litt von Geburt an einer Schwerhörigkeit und Seheinschränkungen, die man lange nicht erkannte. Das schlug sich auf ihre gesamte Entwicklung nieder. Die Sprache, die Bewegungsabläufe etc. konnten sich mit eingeschränkten Sinnen nicht altersgerecht ausbilden. So kam es, dass sie im Laufe ihrer Kindheit viel Zeit im medizinischen System verbringen musste – mit mehreren Operationen und zahlreichen Therapien. Sophie war ein neugieriges Wesen mit sonnigem Gemüt. Sie lernte schnell. Aufgrund der Seh- und Höreinschränkung entwickelte sie kreative Verhaltensweisen, um die Welt zu erfahren. In der Begegnung entwickelte sie eine große Nähe zu Bezugspersonen und zu ihrem Gegenüber. Dieses besondere Verhalten kam wiederum bei nicht allen als Versuch an, die Welt mit eingeschränkten Sinnen besser zu erkunden. Nähe und Nestwärme hat Sophie in hohen Maße von ihrer Familie erfahren, die das Kind sehr geliebt und gefördert hat. Sophies Kontaktverhalten wurde von einzelnen, pädagogisch geschulten Personen als sonderbar im Sinne von „distanzlos" eingestuft. Verständnis und eine ressourcenorientierte Sicht wäre besser gewesen. Der „Defizitkreislauf" begann. Unverständnis von anderen und soziale Vermeidung ihnen gegenüber kennt die Familie seit Anbeginn der Schulzeit sehr gut. Das Anderssein bescherte Sophie bereits in der Grundschule viele Ausgrenzerfahrungen, die von verantwortlichen Personen nicht ausreichend verhindert worden sind. Ungünstige Erfahrungen, die nicht gestoppt, gewandelt oder positiv integriert werden, setzen sich oft destruktiv fort. So kam es später zu schweren Mobbingattacken in der Schule und vielen Lösungsversuchen für Empathie, Akzeptanz und Integration. Wenn die soziale Verbundenheit gefährdet und die Würde beschädigt ist, schlägt sich das unmittelbar auf die Konzentration, die Neugier und den Selbstwert nieder. Demzufolge hatte Sophie in der Schule große Konzentrations- und Lernschwierigkeiten. Man diagnostizierte eine Aufmerksamkeits-Defizit-Störung (ADS) und sortierte das Kind in die Schublade der Minderbegabten mit wenig Aussicht auf einen erfolgreichen Schulabschluss. Träumen war für das Mädchen manchmal die einzige Möglichkeit, dem Horror zu entfliehen. Die schulpsychologische Beratungsstelle stufte die Attacken gegenüber Sophie als unbegreiflich schwerwiegend ein. Es gab sogar Cybermobbing, in Form von extremen Beleidigungen und Morddrohungen in der 5. Klasse. Die Schule schaute weg. Mobbing kann hirnbiologisch die gleichen Prozesse auslösen wie körperliche Gewalt, zum Beispiel Folter mit schlimmen, lebenslangen Folgen. Ohnmacht gab es auf vielerlei Ebenen, beim Kind, in der Familie und in der Schule.

Abweichend von Normalität zu sein, bedeutet für alle Beteiligten langfristig ein hohes Maß an Flexibilität und einen enormen Krafteinsatz aufzubringen sowie emotionale Achterbahnfahren, um die Dissonanzen zu überstehen. Verzweiflung und Erschöpfung verdunkelten viele Stunden des Lebens von Sophies Familie. Gerade durch diese erschwerten Bedingungen wurden beim Kind und in der Familie viele Ressourcen und Leuchtkräfte frei. Sie sorgten gut für sich und ihr soziales Miteinander, für Grenzen, Ablenkung und Unterschiedserfahrungen. Sie waren offen und dankbar für Unterstützung. Auf der anderen Seite wuchsen der Zusammenhalt, die Achtsamkeit und mentalen Stärken beim Kind und ihren Lieben.

Mithilfe von mehrjähriger Trauma- und Familientherapie haben Sophie und ihre Familie die fürchterlichen Erlebnisse verarbeitet und zu ihrer Würde und Kraft zurückgefunden. Mit lernbegleitenden Maßnahmen und leichter Medikation konnte das Kind die Konzentrationsschwierigkeiten überwinden und ihre Ressourcen nutzen bzw. entfalten. Das Mädchen ist eine junge, glückliche Frau geworden. Sie hat Abitur gemacht und ist mit Freunden zum Studium im Gesundheitsbereich in eine andere Stadt gezogen. Sophie lebt ihre Feinfühligkeit und ihren tiefen Seelenreichtum. Sie hat ein besonderes Gespür, Empathie und Verständnis, gerade für die Vielfältigkeit im Menschsein und das Sonder- und Wunderbare. Sie nutzt ihre vielfältigen Ressourcen, gewachsen aus herausfordernden Erfahrungen und geankert durch Vertrauen, Liebe und Verbundenheit.

## Schicksalsbrüche – was wirklich im Leben zählt

Ein Kollege hat ein Kind, das aufgrund eines Gendefekts an einer schweren körperlichen und psychischen Behinderung leidet. Der kleine Junge musste von Beginn seines Lebens lange Zeit in medizinischen und pflegerischen Settings verbringen. Die Erwartung eines unbeschwerten, gesunden Leben musste verabschiedet werden. Das Ganze bedeutet neben den emotionalen Achterbahnfahrten auch das Aufgeben von Autonomie, Freiheit sowie einen emotionalen und praktischen Kraftakt für die ganze Familie. Angehörige von in irgendeiner Hinsicht beeinträchtigten Menschen können nachfühlen, wovon ich spreche. Ohnehin war es für die Familie schwer, unterstützende Ressourcen oder Einrichtungen zu finden. Anfangs und kurzzeitig helfen die Menschen gerne. Langfristig wird man damit oft alleingelassen, weil die unterstützenden Menschen auch ihr Leben und begrenzte Ressourcen, wie Fürsorge, Aufmerksamkeit, Gesundheit und Zeit, haben. Durch die Einschränkungen im Lockdown haben sich die Unterstützungsmöglichkeiten noch deutlicher minimiert und sind teilweise ganz weggefallen. Als Außenstehende wirkt es unbegreiflich, woher die eine große Kraft und positive Energie im Familiensystem kommt, die durch alle Poren spürbar ist. Im Gespräch äußerte der Vater: „Durch unseren Jungen haben wir erfahren, was wirklich im Leben zählt. Das ist: das Spiel (sich erfahren, neues gemeinsames lustvolles Entdecken und Erfahren). Das ist: die Musik. (Der Junge spricht über den Gesang und den Tanz. Musik als universelle Sprache und Zugriff auf andere Dimensionen und Energie.) Und das ist: die Liebe."

Das rührt mich zu Tränen.

## Biografiebrüche

Eine 52-jährige Frau, Verena, seit ihren Kindertagen an der kalten emotionsarmen Beziehung zur Mutter. Sie hatte sogar seelische und körperliche Gewalt erfahren. Lange Zeit ist sie auch kalt und vernachlässigend mit sich selbst umgegangen. Das Bedürfnis nach Nähe, Wärme und Fürsorge war jedoch stärker. Verena hat einen sozialen Beruf gewählt. Sie hat eine eigene Familie gegründet und drei Kinder bekommen. Die Ehe ging in die Brüche, und sie zog die drei Kinder als alleinerziehende Mutter fürsorglich auf. Im Job hat sie ihre Fähigkeiten engagiert eingesetzt und sogar eine Führungsrolle ausgeführt. Erschwerend kam hinzu, dass sie Mobbing durch einen Vorgesetzten erfahren hat. Die große Stressbelastung mit wenigen zur Verfügung stehenden Unterstützungen im Alltag hat sie an ihre Grenzen der Machbarkeit gebracht. Sie hat schon viele Jahre früher eine Essstörung mit Folgen eines schweren Diabetes mit Übergewicht entwickelt. Immer wiederkehrende Versuche der Ernährungs- und Verhaltensumstellung führten nicht zum Erfolg. Selbstwertkrisen und Hoffnungslosigkeit nahmen zu, bis es nicht mehr ging.

Am Scheidepunkt ihres Lebens hat Verena professionelle psychotherapeutische Hilfe in Anspruch genommen. Sie hat zu sich und ihren Seelenkräften gefunden. Verena hat mutig ihre Geschichte reflektiert, die schädigenden Muster erkannt und zum größten Teil konstruktiv gewandelt. Sie hat sich von der Mutter emotional distanziert, Mutters gute Seiten gefunden und sich emotional nachversorgt, sich von der destruktiven Vorgesetztenbeziehung verabschiedet, den geschätzten Job gewechselt mit all den Verlusten der guten Dinge, die es dort gab. Sie achtet wie nie zuvor in ihrem Leben auf seelisch nährende Beziehungen und Kontexte. Nach einer langen Durststrecke und vielen Achterbahnfahrten der Gefühle ist sie im neuen Leben angekommen. Mittlerweile hat sie 25 Kilo abgenommen, ist umgezogen, hat nicht nur eine erfüllende neue berufliche Tätigkeit, sondern auch eine neue, liebevolle Partnerschaft begonnen. Sie ist Großmutter geworden. Das Lächeln und Leuchten, das ihr fast täglich aus den Babyaugen entgegenstrahlt, macht sie dankbar und zufrieden. Es strahlt aus ihr zurück.

## Karrierebrüche

Jens, ein 45-jähriger Mann,hatte als Ingenieur seit über zehn Jahren einen verantwortungsvollen Job in einem mittelständigen Unternehmen. Nach erfolgreichen Berufsjahren mit mehreren Auslandaufenthalten und zunehmender Team- und Projektverantwortung fühlte er sich mehr und mehr ausgelaugt, litt unter Konzentrations- und Schlafstörungen. Längere Urlaube hatte Jens schon lange nicht mehr gemacht, höchstens verlängerte Wochenenden mit Sport verbracht. Vor einigen Jahren hatte er einen Bandscheibenvorfall gut überstanden und die sportlichen Tätigkeiten unter Präventionsgesichtspunkten intensiviert. Jens hatte zugunsten seiner beruflichen Entwicklung seine Partnerschaft und sein gesamtes Privatleben vernachlässigt. Er betrieb exzessiven Radsport und war auch in der Freizeit leistungssteigernd orientiert, abgelenkt und im Funktionsmodus.

Ihm wurde seine soziale Vereinsamung aber erst jüngst im Lockdown richtig bewusst. Das Homeoffice, die fehlende Abwechslung und soziale, kulturelle Einschränkungen während des Lockdowns machten ihm sehr zu schaffen. Seine sozialen Kontakte waren meist beruflicher Natur, und die liefen jetzt auch nur noch eingeschränkt über die medialen Kanäle. Nach und nach erlebte er sich mehr in einer funktionierenden, fassadenhaften Rolle. Dies zu erkennen und sich einzugestehen, fiel ihm lange schwer. Nun sehnte er sich wieder nach erfüllenden persönlichen Beziehungen, wo nicht nur die Karriere oder hochgradige Ziele im Vordergrund stünden. Und er sorgte sich um seine Gesundheit aufgrund folgenden Erlebnisses nach dem Lockdown: Immer, wenn er mit seinem Dienstwagen das Tor zum Firmengelände passierte, bemerkte er, dass seine Augen zuquollen und sich ein schwarzer Rand um sein Sichtfeld bildete. Die Konsultationen bei mehreren medizinischen Spezialisten blieben ohne klinische Diagnose. Aus diesem Anlass begann er ein Coaching in meiner Praxis.

Jens hatte sich über viele Jahre stark verausgabt. Er verdiente sehr gut, hatte einen sportlichen Dienstwagen, konnte sich ein Haus kaufen, sich eine Haushaltshilfe leisten und hatte nicht nur für sich, sondern für fast 30 Mitarbeiter Verantwortung. Seine psychischen und vitalen Erschöpfungswerte waren auf einem kritisch hohen Niveau. Das Gleichgewicht zwischen Engagement für die Aufgabe und dem, was er auf seelischer Ebene (nicht finanziell) zurückbekam, war gestört. Er war überflutet von der Komplexität seiner Aufgaben und gefangen im Erfolgsdruck. Man übertrug ihm immer mehr Verantwortung, und er konnte es selbst nicht stoppen. Wie schlau doch die Seele und der Körper sind, wenn die Dinge sich auch in den Symptomen, also hier in den angeschwollenen Augen und dem eingeschränkten Sichtfeld, zeigen.

In den Jahren der Lebensmitte und der Zeit des Lockdowns bilanzierte Jens das „Ist/Haben“ und wie es weitergehen solle. Er erkannte für sich, dass ihm der tiefere Sinn in seinen Tätigkeiten fehlte und er sich oft einsam fühlte. Jens nahm sich eine mehrwöchige Auszeit, in der er keinen Zugang zum Firmenhandy oder zum Rechner hatte. Das fiel ihm zu Beginn unheimlich schwer. Er ging viel spazieren und entwickelte neue Visionen für sein Leben. Außerdem entdeckte er die kindlichen Seiten in sich wieder neu, indem er Zugang zu seinem Zukunftsträumen und traurigen Erfahrung aus früherer Zeit fand. Jens bemerkte, dass er das Leben der Erwartungen seines Vaters führte. Mit 15 hatte er seine Mutter verloren und seitdem die fürsorglichen, achtsamen Seiten in der Eltern-Kind-Beziehung sehr vermisst. Er beschloss, die vermissten Seiten in sich selbst zu entdecken, und gab auf symbolischer Ebene die Aufträge nach Überverantwortung an seinen Vater versöhnlich zurück.

Nach einem dreiviertel Jahr kam er zu neuen Kräften, und die Freude kehrte zurück in sein Leben. Er besorgte sich ein Konzertabo und richtete sich neue Pausenrituale ein. Besonders halfen ihm Atem- und Mediationsübungen. Jens sprach mit seiner Vorgesetzten und bat um Unterstützung dafür, seinen Verantwortungsbereich neu aufzustellen. Jens erkannte, wie wichtig es ist, auf die Signale seines Körpers zu hören, der deutlich machte, dass er sein bisheriges Berufsleben „nicht mehr sehen kann“. Inzwischen findet er beim Bogenschießen seinen Ausgleich. Er schafft sich regelmäßige Zeitinseln für sich selbst und pflegt nährende Beziehungen. Eine neue Liebe trat in sein Leben. Die Augenbeschwerden verschwanden, auch seinem Rücken geht es immer noch gut.

# Abschied und Verlust durch Krankheit

Krankheit erwischt uns meistens kalt und verdunkelt vieles. Plötzlich sind wir aus dem Alltag gerissen. Fragen und Ängste tauchen auf. Parallel dazu müssen die täglichen Herausforderungen weiterhin gemeistert werden. Es wird vielleicht klar, dass wir den Alltag allein nicht bewältigen können und dass wir Unterstützung benötigen. Oft wird diese Erkenntnis jedoch verdrängt. Das verursacht zusätzlichen Stress, der mit Gefühlen der Hilflosigkeit und Ohnmacht einhergehen kann. Nicht zu unterschätzen sind die dunklen Gefühle von Schuld und Scham, die häufig auf die Bühne treten.

Chronische Krankheit und Pflegebedürftigkeit beispielsweise können Betroffene, das gesamte Bezugssystem sowie die medizinischen Begleiter schwerwiegend belasten. Oft wird die Hoffnung auf ein unbeschwertes Leben im Umgang mit der Krankheit und den begleitenden Therapie enttäuscht, wichtige Bedürfnisse der Patienten rücken in den Hintergrund. Es entwickeln sich unterschwellige bzw. offene Konflikte, die wiederum belastend wirken können. Enttäuschte Erwartungen auf ein „normales gesundes Leben“ können sich in Frust-, Ärger- oder Wutgefühlen äußern. Verlust und Abschied bringen auch Traurigkeit und Trauer hervor und benötigen Raum und Zeit. Es ist Stress im System. Es geht oft um Halten und Loslassen. Die Antwort auf die Frage: Was trägt und was nicht, blinkt auf. Das ist schwer und sehr belastend. Nicht selten führt eine ungute Bewältigung zu Depressionen oder einer Verbitterungsstörung.

Stress kann bis hin zu psychosomatischen Symptomen destruktiv „kompensiert“ werden. Wenn der Körper schwach ist/wird, werden die psychischen Ressourcen umso wichtiger. Hier ist es mir wichtig, wieder auf die Kehrseite des Schweren hinzuweisen und auch die Trauerphänomene/-phasen zu beachten (siehe im Abschnitt zur SACHT-ACHT). Die Leuchtkräfte kommen gerade erst durch das starke Dunkel zum Vorschein. Viele Menschen gelingt es erst durch Krankheit und in Abschiedssituationen, die konstruktiven Leuchtkräfte wieder zu entfachen und zu zeigen. Die Kontrollillusion weicht zurück, Starrheit macht Weichheit Platz, festgefahrene Blockaden können sich zugunsten von Liebe und Aufbrechen zu neuen Dimensionen auflösen.

*„Wenn du denkst,*
*es geht nicht mehr, kommt von*
*irgendwo ein Lichtlein her."*

(Volksweisheit)

Gerhard hat eine unglaubliche Gesundungsgeschichte. Nach einem Autounfall, den er fast nicht überlebt hätte, hat er innerhalb von sechs Jahren über 30 Operationen inklusive Amputationen und Transplantationen bekommen. Was das für den Körper, die Seele und das Umfeld bedeutet, kannst du dir in etwa ausmalen, und ich brauche es an dieser Stelle nicht auszuführen. Nach jeder Operation und bedrohlichen Folgevorfällen hat er sich mithilfe seines unzähmbaren Willens zur Genesung, der Kraft positiven Denkens und der Hoffnung sowie liebevoller kompetenter Unterstützung durch das Umfeld (die Familie, das medizinische und pflegerische Personal, die medizinischen Möglichkeiten in unserem Land etc.) wieder zurück ins Leben gekämpft. Angesichts des Schweregrades der Verletzungen sowie der Häufigkeit der Eingriffe gab es vom medizinischen Standpunkt aus wenig Hoffnung für sein Überleben. Gerhard hat mehrere Monate, auch über einen Jahrhundert-hitzesommer hinweg, das Krankenbett in unklimatisierten Räumen nicht verlassen und sich kaum drehen oder bewegen können. Er hat vielerlei Mitpatienten kommen und gehen sehen und musste ausharren. Gerhard hat sich jeden Tag bewusst gefreut und war dankbar, dass er am Leben war und für jeden Kontakt. Er hat in Zuständen der größten Verzweiflung und Ohnmacht akzeptiert, was ist, hat sich weder seinen Humor noch die positive Einstellung nehmen lassen. Er hat beachtet und sich an den geringsten Kleinigkeiten und Möglichkeiten erfreut. Sein positives Gemüt strahlte auch auf das Umfeld, und so sind zum Beispiel die Pflegekräfte immer wieder gern zu ihm ins Zimmer gekommen und haben etwas Leichtes wieder mitgenommen. Durch seine stetige konstruktive Beziehungsgestaltung mit den Angehörigen und dem medizinischen Personal hat er sich und andere beschenkt, gegeben, was er konnte, davon viel Charme und Humor und hat gefühlt viel mehr an Fürsorge, Aufmerksamkeit, Empathie oder Kompetenz zurückbekommen. Auch in der größten Not und Dunkelzeit hat er Unvorstellbares hinsichtlich Mut und Schmerzbewältigungserleben geleistet, so auch die Angehörigen und das Team. Vor Kurzem hatte Gerhard seine 40. Operation, bei der einiges schiefgelaufen ist. Es ist Coronazeit, es herrscht ein Ärzte- und Pflegekräftemangel, viele sind übermüdet, überlastet und ausgebrannt. Wir sind alle Menschen und machen Fehler. Im System wurde Verantwortung übernommen, gekämpft und zusammengehalten und es ging auch dieses Mal gut. Er lebt. Was für ein Weg, was für eine Kraft, was für ein Leuchten. Diese Geschichte wollte ich mit dir teilen.

## Das Leuchten am Ende des Tunnels

Krankheit heilt manchmal nicht. Der Tod kann sich ankündigen oder plötzlich kommen.

Eine 66-jährige Frau, die in diesem Bericht Waltraud heißen soll, hat vor sieben Jahren ihren Mann verloren. Ein Jahr vor seinem Tod erhielt er die Diagnose eines Hirntumors. Die leidvolle Zeit des

Abschieds begann und wandelte sich in winterliche Starre, die viele Jahre währte. Nach diesem intensiven Jahr des Kampfes gegen die Krankheit brach Waltraud mit dem Tod ihres Geliebten zusammen, sie verleugnete, verweigerte, verschloss sich dem Leben. Die früher unternehmungslustige Frau igelte sich ein, brach die Kontakte zu den Freunden ab und gab sich an vielen Stellen selbst auf. Sie empfand es so, dass eine Hälfte von ihr selbst fehlte, was sie nicht nur psychisch, sondern auch körperlich spürte. Eine unfassbare Zerrissenheit und Schwere belagerten sie. Es gab zahlreiche Konflikte mit ihren erwachsenen Kindern, die erst eskalierten, um später zu destruktivem Rückzug und Leid auf allen Seiten zu führen. Die Ohnmacht beherrschte ihre Tage. Das Leben schien nicht mehr lebenswert.

Im zweiten Pandemiejahr kam lang ersehnt ihre erste Enkeltochter zur Welt. Das änderte alles. Waltraud wurde nicht nur Großmutter, sondern selbst wieder „neugeboren". Das Leben kam zurück. Vielleicht war es der Sinn, der sie wachküsste. Vielleicht waren es die Hoffnung, die Weisheit und die Unbekümmertheit, die in den Kinderaugen strahlte. Vielleicht war es die allumfassende Liebe. Waltraud sah ein, dass sie es allein nicht aus dem dunklen Tunnel heraus schaffen konnte. Sie suchte sich auf Anraten ihrer Tochter professionelle Hilfe. Sie beschloss, ihr Haus, das ihr Mann bis zu seinem Tod gebaut und umgebaut hatte, zu verkaufen und den vertrauten Ort zu verlassen. Diesen Schritt konnte sie sich zuvor niemals vorstellen. Waltraud zog in einer Kleinstadt in der Nähe in eine schicke Dachgeschosswohnung und damit auch näher zu ihrer Tochter und deren Familie . Nun geht sie täglich spazieren, trifft sich mit Freunden, unternimmt Busreisen und verbringt viel Zeit mit ihrer kleinen Enkelin und dem Hund der Familie. Jetzt, mit 66 Jahren, im achten Jahr nach dem Tod ihres Mannes, ist das Leuchten zurück.

Die Auseinandersetzung mit dem Tod ist wahrscheinlich die größte Herausforderung im Leben. Sie gehört unausweichlich dazu. Die Psychiaterin Dr. Elisabeth Kübler-Ross gilt als Wegbereiterin der Sterbeforschung. Sie hat sich mit Nahtoderlebnissen beschäftigt und in Interviews mit Sterbenden die psychischen Phasen der Krisenbewältigung im Umgang mit dem bevorstehenden Tod beschrieben (siehe Kapitel 5). In der ersten Phase der Verleugnung und Verdrängung herrscht eine Art Schockstarre. Man will die Tatsache des drohenden Verlusts des Lebens nicht wahrhaben. Viele machen erstmal so weiter wie bisher, um ein gewisses Maß an Normalität aufrechtzuerhalten. Daraufhin folgen Ärger und Wut. Es kann zu Selbstbezichtigungen und Fremdanklagen kommen. Die Ärger- und Wutgefühle sind – wie zuvor schon erwähnt – wichtige Ressourcen, um aus der Hilflosigkeit herauszukommen. In der nächsten Phase der „Verhandlung" hat man ein gewisses Maß an Akzeptanz für den unausweichlichen Tod. Hinzu kommen oft körperliche und psychische Erschöpfung, zunehmende Vergesslichkeit und Nervosität. Dann folgt der Rückzug mit Gefühlen von Verzweiflung, körperlicher und seelischer Niedergeschlagenheit, manchmal sogar der Depression, Isolation, Schlaf- und Essstörungen. In der letzten Phase des Abschieds wird die Situation vollumfänglich akzeptiert. Das ist der Wendepunkt, der Loslassen und einen Neuanfang möglich macht. Begleitung, Hoffnung und Trost zu spenden sind wesentliche Ressourcen in allen Phasen des Trauerprozesses.[19]

Kübler-Ross kam durch die Begleitung von Sterbenden zu der Überzeugung, dass der Tod nicht das Ende, sondern ein Übergang in einen neuen Bewusstseinszustand sein kann. Viele Menschen mit Nahtoderfahrungen berichten von ähnlichen Phänomenen, wie zum Beispiel einen Körper, der wieder frei ist von allen Beschwerden, liebevolle Ahnen, von denen man abgeholt wird, bedingungslose, allumfassende Liebe sowie davon, dass sie ein Licht am Ende des Tunnels wahrnahmen.

Wer mehr zur Trauer erfahren möchte, dem empfehle ich u.a. das Buch von Roland Kachler: „Meine Liebe findet Dich. Ein Wegweiser für Trauernde". Ein schönes Zitat gibt es aus einem Lied von Peter

19 Elisabeth Kübler-Ross. Interviews mit Sterbenden. Das Rad des Lebens.

Maffay: „Jede Zukunft wird Vergangenheit. Jedes Ende wird ein Anfang sein."

*„Da er mit sich selbst ist spinnefeind*
*zerstört er in sich, was gehört vereint,*
*sperrt ins Verlies seinen Schatten ein,*
*erleidet gerade deshalb große Pein.*

*Von sich selber wird er ausgesperrt*
*seit er sich gegen seinen Schatten wehrt*
*und da seine Seele wirkt wie zerrissen,*
*geht verloren das ihr eigene Wissen.*

*Licht seine verdunkelte Seele braucht,*
*um zu erhellen, was aus ihr auftaucht*
*sind Licht und Schatten dann vereint,*
*er sein wahres Selbst nicht verneint."*

*(Ingrid Baumgart-Fütterer)*

# Die psychische Widerstandsfähigkeit

Machen wir uns weiter auf die Suche nach den Leuchtkräften für die Seele. Da wäre noch die psychische Widerstandsfähigkeit von Menschen.

Nach den Beispielen aus dem Leben kommen jetzt die Geschichten aus der Wissenschaft mit klaren Empfehlungen dazu.

Emily Werner war eine findige Sozialforscherin. Sie hat bahnbrechende Ergebnisse für die Gesundheitspsychologie geliefert. Werner und ihr Team begleiteten seit den 1950er-Jahren über vier Jahrzehnte hinweg mehrere hundert Kinder auf Hawaii. Sie fand heraus, dass ein Drittel der Kinder, die unter äußerst schwierigen Bedingungen (wie Scheidung, Arbeitslosigkeit der Eltern, Sucht oder Gewalt in der Familie, etc.) aufwuchsen, es trotzdem geschafft haben, ein gesundes und erfülltes Leben zu führen, eine Familie mit gesunden Beziehungen zu gründen sowie ihre berufliche und private Existenz zu sichern. Sie formulierte daraufhin Schutzfaktoren, die dämpfend auf die negativen Umstände wirken. Man nennt das in der Fachsprache auch Resilienz. Später wurden viele Begriffe vor allem im Coachingbereich dazu erfunden, wie z.B. „Bambusprinzip". Gemeint ist hier, stark und flexibel wie Bambus zu sein, um den Stürmen unser stressigen Zeit standzuhalten. Leider sind in manchen Selbstoptimierungskonzepten Ratschläge oft zu personenzentriert und losgelöst von dem Kontext, auch sind unbewusste Prozesse ungenügend berücksichtigt. Das heißt, man unterliegt einer Art Optimierungsillusion, und es passiert etwas anderes, zum Beispiel noch mehr Stress aufgrund lauter Optimierungsideale. Es reicht aus meiner Sicht nicht, unbewusste Phänomene (wie Intuitionen, Gefühle, somatische Marker) oder die Umweltbedingungen, nämlich die Lebens- und Arbeitssituationen, außen vor zu lassen und nur sich selbst zu „optimieren". Dies gilt auch für die Hinweise in diesem Buch. Denn wir sind alle immer in Beziehungen und im Bezug. Dann kommt es häufig zu Enttäuschungen, weil die Kontextbedingungen im Widerspruch zu den Ratschlägen stehen.

Was haben diese Kinder aus der Hawaii-Studie gemein, um sich gut zu entwickeln? Das Wichtigste war, wie im Kapitel „Soziale Verbundenheit" erwähnt, der Halt in einer stabilen emotionalen Beziehung. Sie hatten zum Beispiel eine Vertrauensperson innerhalb oder außerhalb der Familie. Sie verfügten über ein soziales Netz, das sie aufgefangen hat oder wenigstens gab es einen „wissenden Dritten", wie einen Nachbarn, eine Lehrerin, einen Pfarrer usw., die einem Kind Interesse und Anerkennung entgegenbrachten. Manche dieser Kinder haben bei Großeltern, Geschwistern oder eben außerhalb des Familiensystems andere (konstruktive) Modelle der Fürsorge oder des Zusammenlebens erfahren und konnten dies später für sich nutzen.

Wichtig war außerdem, dass lösbare Anforderungen und Ziele gestellt wurden und dadurch früh Verantwortung entwickelt werden konnte. Ein Beispiel: Die gesunden Kinder schafften es, sich von ihrer Opferrolle und von ihrem destruktiven Umfeld zu distanzieren sowie ihr Leben durch konstruktive soziale Kontakte oder Umwelten, wie Interesse für Hobbies, Berufliches, Ehrenamt oder soziale Aktivitäten in positive Bahnen zu lenken.

Offensichtlich stehen Menschen mit hoher Widerstandsfähigkeit entweder in sich selbst oder im sozialen Umfeld Fähigkeiten als Puffer für schlimmste Erfahrungen zur Verfügung. Nennen wir das die Dämpferstrategie, die positive Wandlung von Dämpfern zu Nützlichem. Wichtig dabei ist: Selten kann man das allein. Wir alle, also das soziale Umfeld, sind gefragt aufzumerken, wenn etwas schief läuft,

Hilfe zu holen oder zu bieten, Vorbild für konstruktive Beziehungsgestaltungen zu sein.

Hier kommen nochmal zusammengefasst acht psychologische Faktoren der seelischen Widerstandsfähigkeit:

## Akzeptanz und Optimismus

Optimistisch sein heißt auch, Hoffnung und Zuversicht zu haben. Diese Fähigkeit wurde von dem berühmten amerikanischen Psychologen Martin Seligman als wirksamer Gesundheitsfaktor definiert. Als renommierter Depressionsforscher hat er nach Jahrzehnten seinen Fokus weg von den menschlichen Problemen und Defiziten hin zur Frage verlagert, was Menschen gesund erhält und glücklich macht. Ganz sicher gehört eine optimistische Lebenseinstellung dazu. Negative Gefühle zum Beispiel werden von optimistischen Menschen nur als temporäre Erscheinung gesehen. Sie packen Probleme als Herausforderungen an und nehmen oft eine positive Lösung vorweg. Man geht davon aus, dass Optimismus erlernbar ist, also lege los.

Wenn einem Schlimmes widerfahren ist, ist es verständlicherweise schwer, eine positive Sicht einzunehmen. Dennoch haben wir immer die Wahl, das Glas halb voll oder leer zu sehen.

# Orientierung auf die Lösung

Welche Vorstellungen hast du von deiner Zukunft? Wie weit kommst du mit einer Problem- oder Lösungsorientierung? Welche konkreten Ziele, Bilder oder Gefühle kannst du als Ende eines Problemlösungsweges entwerfen? Mach dir das Happy End so konkret wie möglich, das verändert nicht nur die Wahrnehmung, sondern auch den Weg dorthin.

**SACHT-2Go-Selbstcoachingfragen:**

- Wie kannst du dich und andere zu mehr Lösungsorientierung einladen?
- Wie beschreibst du das Gegenteil des Problems?
- Was wäre, wenn das Problem weg wäre?
- Mal angenommen, du hättest das Problem gelöst, welche Auswirkungen spürst du?
- Wie würde man dich dann wahrnehmen?
- Wie denkst du in fünf oder zehn Jahren über das Problem?
- Was denkst du heute über Probleme, die dir vor fünf oder zehn Jahren das Leben schwer gemacht haben?

# Ressourcenorientierung

Die Orientierung auf die Kraft- und Energiequellen sowie die Fähigkeiten und das Gelungene ist immer von Vorteil. Dazu hast Du im Buch schon einiges gelesen. Ein Schimmer Konstruktives geht immer.

## Verlassen der Opferrolle hin zur Selbstverantwortung

Der Vorteil, den resiliente Menschen haben, ist die Tatsache, dass sie ihre Aufmerksamkeit auf das richten, was sie bewirken können. Sie nehmen selten oder nie die Opferrolle an, sondern setzen sich konstruktiv mit bestehenden Situationen auseinander und versuchen, sie zu ihren Gunsten zu verändern.

Ergänzend zu Emy Werner fand Martin Seligman zum Beispiel heraus, dass das Wohlbefinden auch abhängig ist vom eigenen Erklärungsstil im Umgang mit Problemen. Die Menschen mit positiven Erklärungsstilen definieren sich selbst als treibende Kraft, schreiben sich Erfolge zu, während sie Niederlagen den Umständen zuweisen. Erfolge werden hingegen bei einem negativen Erklärungsstil dem Zufall zugeschrieben. Menschen mit pessimistischen Einstellungen zeigten sich wenig hoffnungsvoll.

Also komm heraus aus der Lethargie und lege das Opferkostüm ab. Achte auf deine Gedanken und deine Sprache. Beleuchte ehrlich deine Rollen im Umgang mit Problemen. Übernimm die Verantwortung für das eigene Leben oder die Erkenntnis: Wenn du mit einem Gegenüber sprichst, liegen 50% der Kommunikation und des Einflusses bei dir.

## Neue Netzwerke aufbauen

Dies wurde bereits im Kapitel „Verbundenheit“ ausführlich beschrieben. Soziale Unterstützung gehört zu den bedeutendsten Ressourcen im menschlichen Leben und Arbeitsleben. Zunehmende Individualisierung birgt die Gefahr von egozentrischen Sichtweisen,

Spezialisierungen, Sackgassen, Isolationen, Erschöpfungsphänomenen, Ersatzbefriedigungen wie Konsum, Sucht- und Substanzmittelgebrauch.

## Zukunft planen und gestalten

Menschen, die ihre Ziele in der Zukunft konkret definieren und terminieren, sind in der Regel erfolgreicher bei der Zielerreichung. Das hat unter anderem mit dem Phänomen der selektiven Wahrnehmung zu tun. Im Überangebot der Informationen in unserer komplexen Welt ist es wichtig zu fokussieren, das heißt, das eine hervorzuheben und dafür anderes auszublenden, was ja meist unbewusst von selbst geschieht. Während man einen Kinderwunsch hat oder schwanger ist, fällt das eigene Augenmerk vermehrt auf „Schwangere", die einem vorher nicht so häufig aufgefallen sind. Hat man vor, ein grünes Auto zu kaufen, sieht man meist häufiger grüne Autos vorbeifahren. Man kann dies aber selbst noch unterstützen, indem man seinen inneren Fokus stärker auf das Gewünschte ausrichtet, als wäre es bereits erreicht.

### SACHT-2Go-Selbstcoaching:

Visualisiere deine Ziele und konkretisiere die damit verbundenen Gefühle und Verhaltensweisen. Wie würden andere dich wahrnehmen, wenn du das Ziel erreicht hast?

# Bedürfnisse beachten und Gefühle regulieren

Das kannst du von dir aus in einer gelingenden Beziehung erfahren und auch mithilfe der SACHT-ACHT und den SACHT-Prinzipien erleben.

Mit einer achtsamen, resilienten Haltung erscheinen Probleme wie Funken am Silvesterhimmel, bunt, aufleuchtend und vergänglich. Sie bringen Überraschungen, Wunder und Freude mit. Man ist in einer Stimmung, in der man Altes loslässt, offen und neugierig ist und sich gemeinsam auf die Zukunft freut.

Das Schöne hat Vorrang. Annie Lennox beschreibt es so:

*„Every day I write the list*
*Of reasons why I still believe*
*they do exist*
*(A thousand beautiful things)*
*And even though it's hard to see*
*The glass is full and not half empty*
*(A thousand beautiful things)*
*So light me up like the sun …"*

# Leuchtkräfte to go

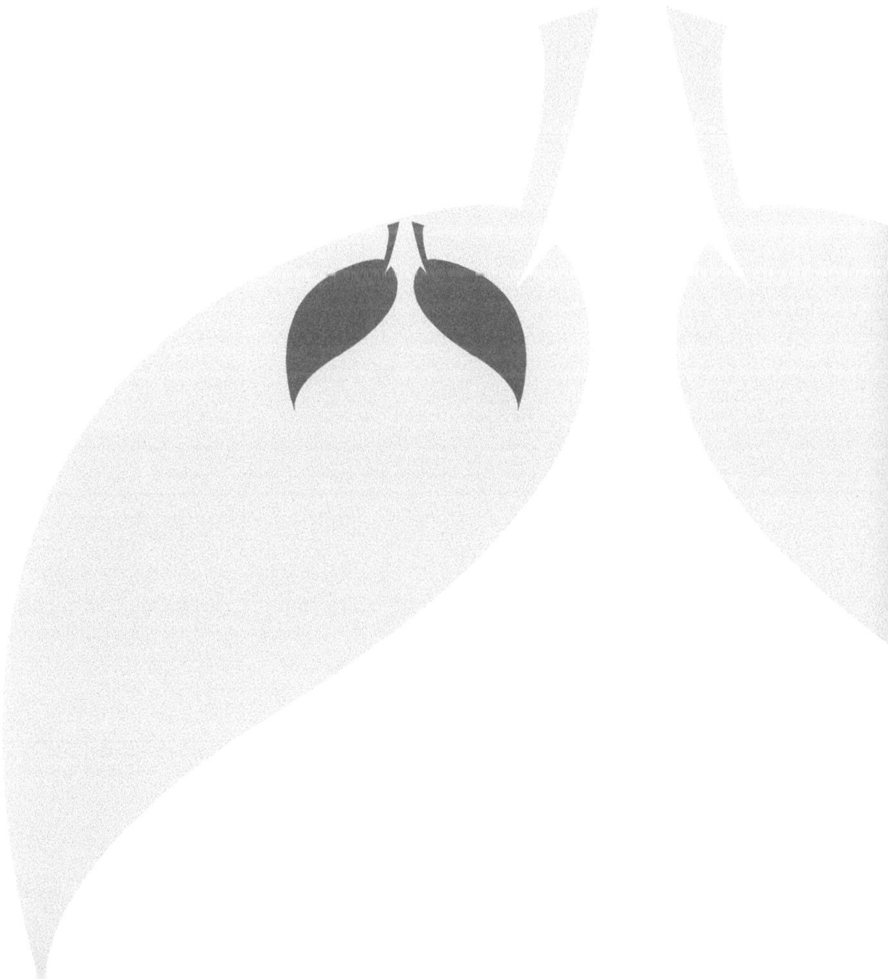

# 10. Leuchtkraft:

## Leuchtstoffe für Seele und Körper

Nun hast du viel über die Leuchtkräfte von Menschen erfahren und vielleicht schon einige Erkenntnisse und Trancen (S. 20, 39, 48, 60, 73, 100, 142, 165) umgesetzt. Hier gibt es noch mehr von den gesunden Leuchtstoffen für deine Seele und den Körper, die leicht Lebensbestandteil werden können. Regelmäßig angewandt vollbringen sie wahre Wunder und bilden die Grundlage für ein gesundes, schönes Leben.

## Abladen und Aufladen

Bevor du richtig entspannen kannst, ist es hilfreich, dich vorher zu bewegen. Du kannst dich richtig strecken in alle Richtungen, schütteln, ausklopfen von Kopf bis Fuß, auf der Stelle trampeln oder Treppen laufen, hüpfen, schwingen etc.

Nutze deinen Atem (vor allem das Ausatmen), das Gähnen, das laute Seufzen in ungestörter Umgebung zum Abladen.

Beim Aufladen fokussierst du eher auf dein Einatmen. Du kannst dir in schwungvollen Bewegungen mithilfe der Hände wieder Energie hin zum Körper holen.

# Balance und Selbstfürsorge

## Summen, Singen, Tanzen

Du hast schon etwas zu Resonanz gelesen und dass lebendige Systeme schwingen. Mithilfe deiner eigenen Stimme kannst du heilsame Resonanzen und Wirkungen erzeugen. Summe mit geschlossenem Mund. Lass deine Lippen vibrieren, den Atem rhythmisch fließen. Die Vibration des Summens breitet sich über deinen ganzen Körper aus bis in jede Struktur und jede Zelle. Nicht nur der Mund oder das Gesicht, alles wird sanft locker geschüttelt, beweglicher, lebendiger. Beachte, was beim Summen geschieht.

Singen, Hüpfen, Schwingen, Tanzen, das rhythmische Bewegen und Ausdrücken sind Leuchtmittel für mehr Lebendigkeit und Resonanz.

# Entspannung und Energie aufnehmen

## Entspannung und Autogenes Training

Mithilfe von anerkannten Entspannungstechniken kannst du Einfluss auf deine mentalen und körperlichen Vorgänge nehmen. Dazu gehören u.a. Progressive Muskelrelaxation, Autogenes Training, Qigong, Yoga oder Massagen sowie die vielen Übungen in diesem Buch.

## Klangschalenbaden

Mithilfe von Klangschalen kannst du sanft entspannen, deine Sinnes- und Körperwahrnehmung schärfen lernen sowie deinen Aufmerksamkeitsfokus schulen. Je nachdem, ob Klangschalen in liebevoller Handarbeit gegossen oder geschmiedet wurden, erzielen sie Klänge im Ober- und Untertonbereich (Harmonie-, Naturtöne, Glocken- und Gongklänge). Es gilt als nachgewiesen, dass Klangschalenklänge harmonisierende Resonanzen im Gehirn und Körper erzeugen.
Je größer eine Klangschale ist, desto voluminöser wird ihr Klang. Mithilfe von wohltuenden Schwingungen, Vibrationen und entspannenden Klängen kann bei einer Klangmassage und der Klangtherapie der Fokus auf den eigenen Geist, Körper und auf die Selbstheilungskräfte gelenkt werden. Du kannst sie vor deinem Körper oder auf deinem Körper liegend anschlagen, um dich im Hier und Jetzt besser zu fokussieren und gleichzeitig in den Tönen zu baden und zu entspannen. Es ist ein Weg zum Einstieg in die Meditation oder zur Bewusstseinserweiterung bis hin zur Transzendenz. Außerdem können Blockaden im Geist und Körper sanft gelöst werden. Manche Menschen sagen, dass mithilfe von Klangschalen auch kosmische Klänge abgebildet werden können. Am besten ist, du probierst es selbst aus und lässt dich mithilfe von Klangschalen verwöhnen und beschenken.

# Luft- und Waldbaden

Bewege dich so oft wie möglich in freier Natur. Schalte dein Handy aus, werde still und bewege dich langsam in der Natur. Nimm deine Umgebung mit allen Sinnen wahr. Wenn du am Schreibtisch sitzt, öffne regelmäßig das Fenster und bewege dich am Tisch und im Raum. Nutze das Luft- oder das Waldbaden zum Entspannen und Auftanken. Beim Luftbaden ist es günstig, die Augen zu schließen und die Sinne zu öffnen für die Geräusche um dich herum, deinem Atem etc.

Der Wald hat nachweislich gesundheitsfördernde Wirkung. Schon fünf Minuten Sichtkontakt mit Bäumen können den Blutdruck und die Muskelspannung spürbar absenken, die Augen entlasten oder den Atem befreien. Bereits 20–30 Minuten bringen körperliche Erholung und Regeneration. Nicht nur der Puls und der Blutdruck, sondern auch die Muskelspannung senken sich. Der Stoffwechsel reguliert sich, und die Immunabwehr wird gestärkt. Stresshormone sinken deutlich, und positive Stimmungshormone werden vermehrt ausgeschüttet. Das Gefühlspendel zeigt wieder ins Helle.

# Waldbaden

Hier habe ich eine Trance für dich:

Diese Fantasiereise habe ich für die Menschen geschrieben, die vielleicht gerade nicht die Möglichkeit haben, mit allen Sinnen im Wald zu baden. Es ist eine Geschichte zur Unterstützung der Atempause in Stresszeiten oder für Menschen im Kranken- oder Pflegebett. Auch hier nutzen wir wieder die Kraft der Imagination, die Mauern durchbrechen, Grenzen überwinden und Ressourcen freilegen kann.

Begleitend kannst du Waldklänge in Youtube etc. hören.

Du kannst dir jetzt nach einem begonnenen Tagwerk Zeit für dich nehmen ... dir eine wohltuende Pause gönnen. Eine Pause zum Gewahrwerden deiner Sinne, deines Körpers, deiner selbst ... in der Pause auf eine Genussreise in der Natur gehen ... mithilfe deiner Imagination und der Kraft der Erinnerung an wundervolle Naturerlebnisse, die du schon hattest ...

Während du den sanften Klängen und Worten lauschst und dein Körper mehr und mehr zur Ruhe kommt ... reguliert sich dein Atem ... reguliert sich ganz von selbst ... Ruhe und Ausgleich stellen sich ein ... ganz von selbst ... die Gedanken werden leicht und frei ... ganz von selbst. Sorge und Last treten mehr und mehr in den Hintergrund ... und es entstehen Raum und Zeit für die Entfaltung deiner Kraft und Gesundheit ... Atemraum ... Raum für deine Fantasie ...

Während du dir und diesem Moment weiter gewahr wirst, bleibt alles Störende weiter draußen ... löst sich auf wie die zarten Wolken am blauen Himmel ... du nimmst deinen Körper wohlbehütet ... aufgehoben wahr ... für diesen Moment ist alles sicher und ruhig um dich herum ... ganz sicher ... angenehm ruhig ... du spürst den Halt des Bodens durch deine Füße ... den Halt im Rücken und an anderen Körperstellen ... Ruhe und Halt ... ganz genau ... und Freiheit der Gedanken ... du spürst, wie sich deine

Sinne und die Tore deiner Fantasie weiter öffnen ... du verlässt in Gedanken den Ort, deines Körpers, der wohl aufgehoben ist ... ruhig und regelmäßig atmet ... läufst einen Weg heraus aus dem Ort ... der Stadt ... hinaus auf ein Feld mit einer angrenzenden Wiese ... die vor einem wunderschönen Wald liegt ... deine Lungen werden frei und leicht ... der Atem weit und frei ... mit jedem Schritt fallen Last und Sorge spürbar ab ... leicht und frei im Körper, in den Gedanken ... in den Gefühlen ... der Tag hat seinen Zenit überschritten ... es ist angenehm warm ... die frische Luft tut dir gut ... taucht durch deine Nase ... den Mund hinab in deinen Körper ... vitalisiert deinen Körper ... deine Zellen ... der Weg ist ganz eben ... es läuft sich leicht ... die Farben des Feldes und der Wiese werden deutlicher ... es riecht nach Natur ... du hörst Vogelstimmen ... über dir kreist ein Vogel ... sanft und erhaben ... aufstrebend zu weiteren Höhen ... majestätisch in seinen Schwüngen ... gleitend ... getragen ... du erkennst ihn ... ein Milan ... das typisch rote Kennzeichen an seinem Körper strahlt kräftig im großen Blau des gebogenen Himmels über dir ... der Vogel sieht dich frei laufen ... sieht, wie du dich dem schönen, grünen Wald näherst ... deiner Oase ... du läufst frei und leicht ... freust dich, ein neues Reich zu betreten ... es riecht schon ganz anders ... du gelangst zum Rand des Waldes und spürst schon jetzt diese große Kraft ... den Schutz ... deine Augen noch eben im Hellen gewöhnen sich schnell an das satte, sanfte Grün ... auf deinem Weg am Rand des Waldes findest du Schautafeln ... vier Stück an der Zahl ... sie sind eingerahmt in glattes, heimisches Holz ... dein Interesse ist geweckt ... auf der ersten Tafel kannst du etwas von der alten, langen Geschichte des Waldes lesen ... etwas über seine Bewohner ... etwas über Mythen und Märchen ... auf der zweiten Tafel kannst du etwas über das große Netzwerk des Waldes finden ... über die kleinen sichtbaren und unsichtbaren Verbindungen der Bäume, Wurzeln und Atmosphären ... etwas über die großen Zusammenhänge ... auf dem dritten Schild findest du etwas über die gesunde Effekte des Waldes ... dass es erholsam ist, unter Fichten, Buchen, Eichen und anderen Bäumen zu wandeln ... Abstand gewinnen ... Verbindung zu bekommen ... Verbindung zu sich selbst ... Verbindung zur Natur ... gut für Körper und Geist ... gut für die Augen und Ohren ... Sinne schärfen sich ... vitaler werden ... gut für die Atmung ... den Stoffwechsel ... das Herz ... Muskelentspannung ... das Immunsystem ... Gefühle ausgleichen ... besser schlafen ... schlafen ... Schutz und Wachsen ... Balance ... ausgewogen ...

Die Duftstoffe von Nadelbäumen sind besonders wirksam ... dann das Grün ... die ausgeglichene Duft- ... Farb- ... und Geräuschkulisse ... neue Blickwinkel ... Blicke neben dem Weg in tiefe Dimensionen ... Erfahrungen in neuen Dimensionen ... back to the roots ... Wurzeln, die Halt geben ... getragen ... tragen ... sich tragen lassen in jedem neuen Moment des Eintauchens ... sich verbinden und austauschen ...

Die vierte Tafel enthält einen Wegweiser und eine Karte für dein Waldbaden ... ein sicherer gesunder Weg ... deine Augen ... richten sich auf die großen Bäume und hohen Wipfel ... durch gesunde Baumkronen kannst du den blauen leuchtenden Himmel sehen ... das Rascheln der Blätter hören ... hier und da fallen Blätter sanft zu Boden ... leicht im freien Fall ... gut aufgenommen und gebettet ... weiches sattes Moos um dich herum ... auf den Wurzeln ... den Stämmen ... Bäumen ... sanfte Lichtspiele überall um dich herum ... dein Blick ... auf den Boden und die Ferne ... Lichtreflexe schmücken den Weg ... scheinbar tanzend ... im Blätterrausch ... sanft rauschende Blätter ... sattes vielstimmiges Grün und Braun ... der Boden unter dir wirkt weicher ... er ist voller Segmente von den Tagen ... Wochen ... Monaten zuvor ... voll von Segmenten des ewigen Kreislaufs der Jahreszeiten ... weich und duftend ... erdig ... holzig ... vielleicht hat es geregnet über Nacht ... die Feuchte dringt in deinen Nase und schenkt dir eine intensive Wolke ... ein Cocktail aus Aromen ... ummantelt deinen Körper ... angenehm warm ... oder frisch ... so wie du es gerade brauchst ... und nun ...

Und nun bist du ganz in diese Welt eingetaucht ... die Welt der 1000 Grün- und Erdtöne ... Düfte und Aromen ... Ruhe ... und sanften, wiegenden Blätterklänge ...

Es geht leicht bergauf ... und in einer leichten Biegung findest du einen kleinen Bogengang ... umrahmt von satten großen Blättern ... du bist neugierig und trittst hindurch ... und gelangst auf eine kleine, runde Lichtung ... es ist hell dort ... du siehst besonders klar und fein ... feinste Nuancen an Grün ... Licht und Schatten ...

Helles und dunkel ... frisch ... zartes Grün eines jungen Sprosses ... frühlingshaft ... neben alten, weisen Bäumen ... schmale und breite ... kleine und hohe ... sattes Smaragd ... du findest das sanfte Grün der Linde und das kräftige der Tanne ... das Grün der Hoffnung ... ganz genau ... lass diesen Ort auf dich wirken ...

Aufgetankt bewegst du dich gemächlich zurück zum Gang auf deinem Weg ... der weiter leicht ansteigt ... der Klang des Waldes verändert sich angenehm ... du siehst kleine, zarte, klingende Blätter ... du hörst besonders klar und fein ... feinste Geräusche, Klänge und Gesang ...

Und du findest einen zweiten Bogengang ... in Größe und Gestalt etwas verschieden zu dem von vorhin ... ummantelt von sanftem, grünem, feinem Blätterwerk ... du gehst hindurch und befindest dich wieder auf einer höher gelegenen Lichtung ...

Du hörst ... wundervolle Klänge ... Bachrauschen ... in naher Ferne ... aus der Ferne ein rufendes Reh ... Blätterrauschen ganz nah ... den Flügelschlag einiger Vögel ... über dir der Milan, der immer noch von Lüften getragen frei fliegt ...

Leises Gezwitscher und Gesang ... einen wohltuenden Klangchor ... das vielstimmige harmonische Lied des Waldes ... ganz genau ...

Mehr aufgetankt begibst du dich langsam weiter auf deinem Weg auf der sanften Steigung ...

Und so erreichst du einen dritten Bogengang ... er öffnet dir den Weg zu einer duftenden Lichtung ... voller zarter Blüten ... Gräser, Zweige und Borken mit Poren ... die wohltuende Düfte ausströmen ... eine wohltuende Wolke vollmundiger Aromen, die dich jetzt sanft umnebelt und beschenkt mit Kraft und gesunder Energie ... du wiegst dich darin ... atmest ... tankst und genießt ... ganz genau ...

Ummantelt und erfrischt läufst du deinen Weg weiter und erreichst die letzte Lichtung. Beim Durchlaufen durch den Blätterbogen spürst du angenehme, feuchte Frische auf deiner Haut ... deinen Atemwegen ... der Bogengang führt dich zu einem klaren, ruhigen Waldsee ... ein Moosbett, weich und samten, liegt davor ... sanfter Nebel steigt von ihm auf ... du hörst das Plätschern und bemerkst jetzt die Quelle, die dem Berg entspringt ... aus der Quelle strömt lichtvolles Wasser ... die Farben des Regenbogens spiegeln sich in ihren sanften Wellen ... du ahnst, dass sie wertvolle Bergkristalle, feine Sedimente aus weiten Tiefen hierher bringt ... sprudelnd ... ausströmend voll von guter Kraft ... unerschöpflicher Energie ... reich und nahrhaft ... ausströmend ... aufgefangen im Waldsee und dem sprudelnden Bachlauf, der sich am Rand der Lichtung bildet ... du beschließt, ein wohltuendes Bad zu nehmen, legst deine Kleidung ab, tauchst erst deine Hände, dann deine Füße, deine Beine in das wohltuende Nass ... dann springst du in das wohltemperierte Waldseebecken ... tauchst ein in die Schale voller gesunder, nährender Wellen ... du genießt das stimmiges Bad vollmundiger Aromen ... genießt und entspannst ... badest ... empfängst die Schätze dieser zauberhaften Natur ... erlebst das Geheimnis von tiefer Erholung, Gesundung ... Gesundheit.

Dankbar und bereichert steigst du aus dem Wasser ... kleidest dich an ... es geht zurück ... begibst dich wieder hinab auf deinen Weg ... an den Bogengängen vorbei ... mit guten Erinnerungen an die Erlebnisse ... zurück ... beschenkt und aufgetankt erreichst du den Ausgang deines Waldweges ... das Licht wird heller ... die Sinne werden klarer ... du nimmst deinen Atem wahr ... deine Füße ... deinen Körper ... du schenkst dir noch auf den letzten Schritten in dieser heilsamen Umgebung vier tiefe Atemzüge ... sie erinnern dich an die vier Lichtungen ... zwei mal vier sind acht ... achtsam laufend ... achtsam aufwachen ... du erinnerst dich an die Geschenke für mehr Achtsamkeit und gehst deinen Weg weiter fort ...

Anhören: www.sacht-institut.de/waldbaden.html

Folgende Fantasiereisen und Trancen findest du in gesprochener Version auf den Seiten des SACHT-Instituts. Mit ihren Farben- und Sinnesfreuden wecken diese Trancen besonders in schwierigen Zeiten neue frische Kräfte, offenbaren tiefe Weisheiten und fördern auf unbewusster Ebene deine Körper- und Seelenbalance.

## Atemübung und Fantasiereise zum Meer

In dieser Fantasiereise machst du dich auf eine wohltuende Reise zum Quell deines Wohlbefindens, deiner Gesundheit und Lebendigkeit. Du erfährst, wie du deinen Atem positiv und stärkend nutzen kannst:

https://www.sacht-institut.de/atemreise.html

## Frühlingserwachen und Tulpengeschichte

In dieser Fantasiereise machst du einen Ausflug in den Frühling durch die Geschichte der Frühlingszwiebel, weckst deine Lebensgeister und erfährst etwas über die große Kraft von Krisen.

https://www.sacht-institut.de/fruehlingserwachen.html

## Der Brunnen der Gesundheit

In dieser Fantasiereise wanderst du in zauberhafter Umgebung zum Brunnen der Gesundheit und wirst reichlich beschenkt. Diese Reise dient neben dem Fördern deiner unbewussten Gesundheitskräfte auch der Stärkung deines Selbstwerts:

https://www.sacht-institut.de/brunnen-der-gesundheit.html

## Die Glühwürmchen-Trance

Diese Fantasiereise entfacht deine Leuchtkräfte auf seelischer, körperlicher und sozialer Ebene:

https://www.sacht-institut.de/gluehwuermchen.html

Weitere Selbstfürsorgetrancen findest du auf dem Blog der Milton-H.-Erickson-Gesellschaft für klinische Hypnose. Dort veröffentlichen erfahrene Hypnotherapeuten ihre Trancen:

https://hypnose.de/blog/trancereihe-covid-19/

# Selbstfürsorge und Selbstachtung

Fange an, für dich die Verantwortung zu übernehmen. Werde dir deiner Selbst gewahr. Auch mit ungünstigen Erfahrungen, zum Beispiel in der Kindheit, kannst du jetzt damit anfangen, der fürsorgliche Elternteil für dich zu sein, den du dir gewünscht hättest.

Virginia Satir hat uns folgende Selbstakzeptanzübung geschenkt, die ich in einem stark gekürzten Auszug weitergeben möchte:

## Ich bin ich – von Virginia Satir

Ich bin ich. Nirgendwo gibt es jemanden, der genauso ist wie ich
[…]
Alles an mir gehört zu mir, mein Körper, und alles, was er tut:
— mein Geist mit all seinen Gedanken und Ideen
— meine Augen mit allen Bildern, die sie sehen
— alle meine Gefühle
[…]
— mein Mund und alle Worte, die er spricht
[…]
— und alles, was ich tue in Bezug auf andere oder auf mich selbst.

Meine Fantasien gehören zu mir, meine Träume, meine Hoffnungen, meine Ängste — alle meine Erfolge, Niederlagen und Fehler gehören zu mir.

Weil das alles zu mir gehört, kann ich mich selbst genau kennenlernen.
Wenn ich das tue, kann ich mich lieben und freundlich sein zu allen Teilen meiner Person.

So kann ich es ermöglichen, dass alles in mir zu meinem Besten wirkt.

[…]

Ich kann sehen, hören, fühlen, denken, sprechen und handeln.
Ich habe alles, was ich brauche, um zu überleben, um anderen nahe zu sein, um schöpferisch zu sein und die Welt der Dinge und Menschen um mich herum sinnvoll zu gestalten.

[…]

Ich bin ich — und ich bin wertvoll."

## Entfache dein Leuchtfeuer mit Charlie Chaplins Gedicht Als ich mich selbst zu lieben begann

Dieses Gedicht wird Charlie Chaplin zugeschrieben, es könnte jedoch auch aus anderer Quelle stammen. Beides, das Gedicht und die Quelle, können hier aufgerufen werden: https://www.der-innere-weg.de/der-innere-weg/schatztruhe/charlie-chaplin/

# Leuchtkräfte to flow

# II. Leuchtkraft:

## Geschenke für Seele und Körper

Über die folgenden Leuchtstoffe können ganze Bibliotheken mit Büchern oder Filmen gefüllt werden. Das, was sie bewirken, kann man kaum in Worte fassen. Von daher halte ich mich in diesem Kapitel mit Erklärungen kurz. Du findest eine kleine Auswahl von meinen Lieblingskunstwerken als Inspiration oder zum Genießen. Hier kommt eine kleine Auswahl mit offenen Zeilen für deine ganz persönlichen Ergänzungen und Zauberstücke.

## Musik als Leuchtfeuer

Musik ist die universelle Sprache. Musik ist direkt mit Gefühlen verbunden, kann bestärken, Spannungen abbauen, beruhigen oder beflügeln. Mit Hilfe von Musik kommen wir mit unserem tiefsten Inneren und mit anderen Menschen oder auch Übersinnlichen in Berührung. Es ist klar, dass das Musikempfinden sehr subjektiv und von Stimmung, Kontext und Erfahrung abhängig ist. Finde die Stücke, deine Zellen zum Vibrieren und dich zum Leuchten bringen:

Hier eine kleine Liste meiner großen Schmuckstücke:

### Nachdenkliches, Berührendes, gefühlsanregend, Hoffnung und Leuchtkräfte entfachend

- Sarah Connor: Bye, Bye und Album „Herzkraftwerke“
- Reinhard Mey: Das Haus an der Ampel (und Album)
- The Irrepressibles: In this shirt
- Martin Herzberg: alle Alben (Lifelines of Music, Trees, Stars …)

- Poor Clare Sisters Arundel: Light for the World
- Bryan Ferry: Make you feel
- Schiller: Morgenstund (Album)
- Charlie Chaplin: Smile gesungen von Nat King Cole (https://www.youtube.com/watch?v=I85ApzR43jU)
- Show Me Musical: Shine and show me, The Inner Light
- Rosenstolz: Wir sind am Leben, Ich geh in Flammen auf, Energie
- James Blunt: One of the Brightest Stars, Shine on
- Michelle Pfeiffer: Never forget (Murder on the Orient Express)
- Udo Jürgens und Yvonne Catterfield: Immer wieder geht die Sonne auf
- Max Raabe: Der perfekte Moment
- Max Mutzke: Nimmst Du mich in den Arm
- John Lennon: Imagine
- Reinhard Mey: Viertel Vor Sieben, Das Wahre Leben, Ich Liebe Dich, Lass Liebe Auf Uns Regnen, Liebe Ist Alles, What A Lucky Man You Are, 51er Kapitän, Menschenjunges, Beim Blättern In Den Bildern Meiner Kindheit, Und Nun Fängt Alles Wieder Von Vorne An, Mein Apfelbäumchen (Album)
- Johannes Oerding und die NDR-Radiophilharmonie: So schön, Leuchtschrift; Alben: Kreise, Konturen
- Hans Dietrich Hüsch: Ich sing für die Verrückten
- Artefacts: Hyperborea
- Annie Lennox: A Thousand Beautiful Things
- Udo Lindenberg: Stärker als die Zeit (Album)
- Udo Jürgens et al.: Mitten im Leben – Das Tribute Album
- Clueso: Neuanfang
- Michael Jackson: Heal the world
- Eva Cassidy: What a wonderful world (oder Original von Neil Armstrong)
- USA for Africa: We are the world
- Bach: Air
- Solveig's Song from Peer Gynt Suite

- Sinéad O'Connor: Nothing Compares 2U, Different
- Alexa Chellun: The Power is here now
- Adele: alle Alben
- Michael Patrick Kelly: B.O.A.T.S. (Album)
- Shakespeare Sisters: Hello, Stay, Moonchild
- The Greatest Showman: Soundtrack
- Nena: Album „Licht", Song: Lichtarbeiter auf Album „Chokmah"
- Silbermond: Symphonie
- Christina Aguilera: Beautiful
- Ich & Ich: Fenster
- Peter Maffay: Das verschenkte Glück
- Rilkeprojekt; Rilke: Wunderweiße Nächte
- Kettcar: Sommer '89
- Nils Wülker: Up, Continuum, Closer (Alben)

## Entspannung/Trance/Genuss

- SCHÖNHERZ & FLEER: Rilkeprojekt, Hesseprojekt
- Blank & Jones: alle Alben
- Gary Sill: Three Gymnopedies (Eric Satie)
- Deva Premal: Jai Radha Madhav, Gayatri Mantra, alle Alben
- Ashana: Ave Maria, Loving Kindness, alle Alben
- Yann Tiersen: All (Album)
- Café del Mar: Aria, Aria 2
- Annette Cantor/Deuter: Gardens of Gods
- Hanno Herbst: Amos (Album)
- Anugama: Healing Earth
- Golfrapp: Album: Tales of us
- Till Brönner: A Distant Episode, Bachs Air, Ach Bleib Mit Deiner Gnade, Jesus to a child
- Nils Wülker: alle Alben (Up, Continuum, Closer …)
- Get well Soon: Love

- Cigarettes After Sex
- London Grammar: alle Alben
- Moby: The sky is broken
- Wes Willenbring: Weightless
- Toni Simonen: Continious Mix
- The Brooderhood of St. Gregory: Sanctus (unter den Sisters of..)
- Troels Hammer: She Is Home
- Dirk Reichardt: Silence
- …

## Gute Stimmung/Tanzen

- Bill Wilders: Lovely Day
- Supremes und Diana Ross: z.B. Stop in the name of love, You can´t hurry love, I will survive, Upside down …
- Master KG: Jerusalema
- Abba: Mamma Mia (Filmmusik, Album)
- Coldplay: Viva La Vida, A Sky Full Of Stars, Higher Power
- Fritz Kalkbrenner: Kings and Queens
- Paul Kalkbrenner: Sky and Sand
- Evelyn Thomas: High Energy
- Queen: Bohemian Rapsody, We Will Rock you
- People, Let's Dance: Public Service Broadcasting
- Mans Zelmerlöw: Happyland
- Snow Petrol: Chasing Cars
- Melissa Etheridge: Like the way
- New Radicals: You get what you want
- Irene Cara: What a Feeling
- Klangkarusell: Shipwreck
- Schiller: Album Zeitreise – Das Beste von Schiller
- Erasure: Always (The very Best of Erasure)
- Pet Shop Boys: Nightlife (Album)

- Peter Heppner: Give us what we need
- Kitty Solaris: Supermoon, Easy
- Andy Williams: Up, Up and Away
- AnnenMayKantereit: Ich geh heut nicht mehr tanzen
- Eminem: ´Till I Collapse
- Yann Tiersen: La valse d´Amélie
- Jackie De Shannon: What the world needs now

# Filme als Leuchtfeuer und Energiespender

## Feel-Good-Movies:

- Tatsächlich Liebe
- Rue de l'Humanité (Film aus und für die Coronazeit)
- Abba: Der Film
- Drei Haselnüsse für Aschenbrödel
- Les Choristes
- Wie im Himmel
- Alles steht Kopf und Nachfolgefilme
- Till-Schweiger-Filme:
  KeinOhrHasen, ZweiOhrKüken, Honig im Kopf, Lieber Kurt etc.
- Forrest Gump
- The Greatest Showman
- Benjamin Button
- La Boum – Die Fete; Die Fete geht weiter
- Madame Mallory und der Duft von Curry
- Avatar und Folgefilme

- Der Klang des Herzens
- Das Leben ist schön
- Ratatouille
- Pretty Woman, Notting Hill
- The Kid
- König der Löwen
- Das Dschungelbuch
- Sehenswerte Doku: Das Ende der Welt, wie wir sie kennen

# Gestalterische Kunst als Leuchtfeuer

## Kleine Liste der großen Schmuckstücke

- Monet: „Seerosen“ und Landschaften
- Max Liebermann: „Gartenbilder“, „Bilder an der Havel“
- Tamara de Lempicka: „Frühling“, „Adam und Eva“
- Gustav Klimt: „Der Kuss“, „Mutter mit Kind“
- Pablo Picasso: „Mutter und Kind“
- August Macke: „Sonniger Weg von August“
- Bruce Boyed: „0“
- Irving Penn: „Still Lifes“, „Women“, „Portraits“
- Upcycling Kunst: z.B. *janeperkins.co.uk*
- Lisa Asiato: Alle Farben des Lebens
- Jadegar Asisi: Panoramabilder

# Poesie als Leuchtfeuer: Auszüge

## Der Geist der Poesie

Der Geist der Poesie ist zusammengesetzt aus dem Tiefsinn der Philosophen und der Freude der Kinder an bunten Bildern.

*Franz Grillparzer (1791–1872)*

## Wendepunkt

Umtriebig immerzu
raubt er sich selbst die Ruh,
lebt am Leben vorbei
vor lauter Raserei,
jagt dem Glück hinterher,
doch das Füllhorn bleibt leer.
Verlassen von dem Glück
bleibt er enttäuscht zurück,
was er auch tut und macht,
die Sonne ihm nicht lacht.

Jetzt steht sein Denken still,
wann immer er es will,
tief entspannt ab und zu
kommt er endlich zur Ruh,
das Hasten ist vorbei

und auch die Rödelei.
Hold ist ihm nun das Glück,
die Freude kehrt zurück,
was er auch tut und macht,
die Sonne ihm nun lacht.

*Ingrid Baumgart-Fütterer*

## Bilder der Melancholie

Der Abend sinkt hernieder,
Die Silberwolke taut;
Stumm sind des Haines Lieder,
Der Berge Blau ergraut;
Bewegt vom Abendwinde,
Wiegt sich der Blütenzweig
Der hohen duft'gen Linde
Im mondbeglänzten Teich.

Laut stürzt die Felsenquelle,
Von Silberstaub beschäumt,
Hin in des Stromes Welle,
Vom Abendrot besäumt!
Dumpf hallt aus öder Ferne,
Des Uhus wildes Schrein,
Bleich flimmern Mond und Sterne
Auf dunkelm Kirchhofshain.

Der Tag, im Nebelschleier
Der Dämm'rung eingehüllt,
Malt mir mit ernster Feier,
Melancholie! dein Bild,
Wie schwebt so matt und traurig

Der blasse Mond empor,
Wie tönt so ernst und schaurig
Der Unke Ruf im Moor!

Wie melancholisch flüstert
Der kleinen Grille Lied,
In banger Stille knistert
Das falbe, dürre Ried.
Ich seh‘, gestimmt zur Trauer,
Dort blaue Flämmchen wehn,
Und Geister an der Mauer
Im Leichgewande stehn.

Hier, wo mich ernster Schauer
Mit kalter Hand ergreift,
Und jedes Bild die Trauer
Der bangen Seele häuft,
Hier schwinden wie Atome,
Vor meines Geistes Blick,
Die täuschenden Phantome
In ihre Nacht zurück!

Das Schlummer-Grab der Müden
Ruft laut und wahr mir zu:
»Hier herrschet ew‘ger Frieden
Und nie gestörte Ruh!«
Hier seh‘ ich klar und helle
Die Welt, ihr Schattenglück;
Zu seines Urstoffs Quelle
Sehnt sich der Geist zurück!

*Elise Sommer (1761–1836)*

# Tanz der Waldfee mit dem Mond

Mondschein ergießt sich in den See
taucht ihn in silbrigen Glanz,
wie aus dem Nichts erscheint ne Fee,
fordert den Mond auf zum Tanz.

Der Mond ihr den Tanz nicht verwehrt,
sinkt langsam herab Richtung See,
fühlt sich geschmeichelt und geehrt
als Tanzpartner der schönen Fee.

Der Mond verliebt sich in die Fee
steigt mit ihr hoch himmelwärts,
schaut von dort mit ihr auf den See,
die Liebe weitet sein Herz.

Hochbeglückt sind er und die Fee
beide lachen Freudentränen,
die Tränen tropfen in den See,
bilden tanzende Fontänen.

*Ingrid Baumgart-Fütterer*

## Die Welt die Monden ist

Vergiß, vergiß, und laß uns jetzt nur dies
erleben, wie die Sterne durch geklärten
Nachthimmel dringen, wie der Mond die Gärten
voll übersteigt. Wir fühlten längst schon, wie's
spiegelnder wird im Dunkeln; wie ein Schein
entsteht, ein weißer Schatten in dem Glanz
der Dunkelheit. Nun aber laß uns ganz
hinübertreten in die Welt hinein
die monden ist.

*Rainer Maria Rilke (1875–1926)*

## Ich lebe mein Leben

Ich lebe mein Leben in wachsenden Ringen,
die sich über die Dinge ziehn.
Ich werde den letzten vielleicht nicht vollbringen,
aber versuchen will ich ihn.

Ich kreise um Gott, um den uralten Turm,
und ich kreise jahrtausendelang;
und ich weiß noch nicht: bin ich ein Falke, ein Sturm
oder ein großer Gesang.

*Rainer Maria Rilke (1875–1926)*

# Leben lernen

Von der Sonne lernen, zu wärmen,
von den Wolken lernen, leicht zu schweben,
von dem Wind lernen, Anstöße zu geben,
von den Vögeln lernen, Höhe zu gewinnen
von den Bäumen lernen, standhaft zu sein.

Von den Blumen das Leuchten lernen,
von den Steinen das Bleiben,
vom Frühling Erneuerung lernen
von den Blättern im Herbst das Fallenlassen
vom Sturm die Leidenschaft lernen.

Vom Regen lernen, sich zu verströmen
Von der Erde lernen, mütterlich zu sein
Vom Mond lernen, sich zu verändern,
von den Sternen lernen, einer von vielen zu sein,
von den Jahreszeiten lernen, dass das Leben
immer wieder von Neuem beginnt.

*Ute Latendorf*
*www.utelatendorf.de*

# Die große Lücke

Der Gedanke
an ferne Umarmungen
treibt uns ans Fenster
durch das wir in die Weite schauen

Wir sehen
Regenstreifen am Horizont
die weiterziehen
und eine Lücke hinterlassen
eine ziemlich große
in der Winter
und Frühjahr
noch Fremde sind

Das Lied eines Vogels
Der Geruch aus der Ferne
Eine einzelne Schneeflocke im Regen
die wie die Sehnsucht nach Frühling
in meinen Gedanken hängt
und eine Lücke hinterlässt
eine ziemlich große
für die Sonne
für die Liebe

*Nicole Weis*
*www.lyrikleben.de/gedichte-lyrik-leben*

# 12. Leuchtkraft:

## Das Beste kommt zum Schluss

# Leuchtfeuerwerk und Ressourcendusche

Nun hast du viel über die menschlichen Schutzkräfte für bewegte und nicht bewegte Zeiten erfahren. Ich lade dich jetzt zum Ressourcenfeuerwerk ein, eine Übung zum Aktivieren all deiner Verbindungs-, Schutz- und Abwehrwehrkräfte. Diese Übung habe ich vor vielen Jahren anlehnend an das Gesundheits- und Ressourcenrad der amerikanischen Familientherapeutin Virginia Satir entwickelt und hundertfach mit Klienten erfolgreich praktiziert.

Du weißt schon, wie wichtig eine offene Haltung und ein gutes, wohltuendes Setting für berauschend (intensive, starke) sinnliche Erfahrungen sind. Nimm dir für dich und diese Übung eine bis zwei Stunden Zeit.

## Ressourcenfeuerwerk

Ich lade dich ein, zu Beginn ein Luft- oder Duftbad zu nehmen, um all den Staub des Alltags abzulegen und dich auf das Spüren deiner Ressourcen einzustimmen.

Achte auf deinen Körper und deine Atmung. Verlangsame deine Bewegungen. Trinke ausreichend Wasser. Suche dir einen angenehmen, ruhigen Platz, wo du nicht gestört wirst.

Wir beginnen, die verschiedenen Schichten deiner Ressourcen Schritt für Schritt bewusst und spürbar zu machen und damit zu aktivieren. Wenn sie mal aktiviert sind, bleiben sie (auch im bewussten und unbewussten Erfahrungsgedächtnis) und verbinden sich mit weiteren guten Kräften, von denen dir eine unendliche Zahl zur Verfügung steht.

Ich möchte dir vorschlagen, den dich umgebenden Raum und deine Vorstellungskraft als Erfahrungsraum zu nutzen. Wenn ich von Schichten oder Kreisen spreche, dann möchte ich dir ein Konstrukt anbieten, in dem jede Ressourcenkategorie eine Schicht visualisiert beispielsweise einen Kreis auf dem Boden um dich herum ergibt. Du kannst dir die Schalen einer Zwiebel vorstellen, die dich als Ressourcenschichten ummanteln, oder du stellst dir zum Beispiel Lichtkreise um einen Planeten vor.

Die Übung wird im Stehen und schrittweise ins Zentrum gehend praktiziert. Wir beginnen im Außen mit der äußersten Schicht. Im Raum könntest du dich z.B. am Rand positionieren, der Blickfokus ist zum Raummittelpunkt, zum Zentrum gerichtet. Dort wirst du am Ende der Übung auch körperlich (und hoffentlich mit deiner Intuitionskraft verbunden) sein. Schritt für Schritte besetzen wir mit jedem Schritt in die Raummitte eine neue Ressourcenkategorie mit einem Label, deiner Erfahrung und ankern diese in deinem Körpergefühl.

Wenn dir schwindelig oder schlecht werden sollte, unterbrichst du die Übung, nimmst Platz und trinkst einen Schluck, legst deine Beine hoch. Dein Körper und deine Atmung sind gute Begleiter.

**Schicht 1** Die äußerste Schicht ist dein **sicherer Ort oder dein Wohlfühlort**. Ich lade dich ein, dir deinen Wohlfühlort in diesem Moment ganz bewusst zu machen, eine Situation, eine Handlung dort, die Jahres- und Tageszeit und Besonderheiten dieses Ortes. Was siehst du, hörst du, riechst du? Tauche voll und ganz in diesen Ort ein und nimm ihn in dir auf. Du kannst dabei die Augen schließen. Nimm dir Zeit. Wenn du das Gefühl hast, dass der Ort für dich ganz denk- und spürbar ist, dann suche einen guten Platz als Erinnerungsanker in deinem Körper für diesen Ort. Dein Körper wird dir Signale in Form von Kribbeln, Wärme oder Entspannung etc. schicken. Wenn du einen Bereich für deinen Wohlfühlort in deinem Körper gefunden hast, kannst du deine Augen öffnen, dir ein Lächeln schenken, durchatmen und einen kleinen Schritt nach vorn Richtung Raummitte nehmen.

**Schicht 2** Du befindest dich jetzt in der zweiten Ressourcenschicht, hältst inne und machst dich auf die Suche. Es ist die Ebene der **sozialen Verbundenheit**. Du kannst wieder den Fokus auf deinen Stand, die Atmung und den Körper richten. Ich lade dich nun ein, einen Menschen oder ein System/Gruppe/Familie/Freunde/Tiere als ein Beispiel für deine soziale Verbundenheit auszuwählen, die du kennst, hast und spürst. Nimm dir ausreichend Zeit. Wenn in deiner inneren Bilderwelt nun diese Person, diese Gruppe, dieses Tier etc. erscheinen, begrüße sie liebevoll. Nimm weiter Kontakt auf. Erinnere dich an Situationen, gemeinsame Erlebnisse, die ausschließlich bestärkend und wohltuend gut für dich waren. Vielleicht tauchen mehrere Wesen auf, dann entscheide dich bitte jetzt zunächst für eines. Die anderen Verbundenheitsressourcen nehmen in der Schicht im Raum Platz und schauen wohlwollend zu dir, halten die Verbindung. Du konzentrierst dich auf ein Wesen und intensivierst den Kontakt. Vielleicht bemerkst du einen besonderen

Gesichtsausdruck bei der Person/dem Wesen. Vielleicht schenkt sie dir eine besondere Geste. Intensiviere die kraftspendende Verbindung. Wenn du nun eine Region im Körper spürst, die ein guter Ankerort für diese Verbindung ist, kannst du wieder die Augen öffnen.

**Schicht 3** Du betrittst achtsam die nächste Schicht, die Schicht des **Verstandes,** des Geistes, des Intellekts. Komme dort an. Atme tief durch. Mache dir jetzt eine besondere Geistesqualität und Kompetenz von dir bewusst. Auf was kannst du dich in deinem Geist verlassen? Vielleicht ist es die Fähigkeit, einen roten Faden im Chaos zu finden oder gut im Kopfrechnen zu sein. Ist es die Fähigkeit, immer neue Ideen zu haben oder das Fachwissen in deinem Beruf? Definiere eine besondere Geistesfähigkeit von dir, die du schon oft zu deinen Gunsten anderer genutzt hast. Finde einen Platz im Körper dafür. Wenn dieser da ist, öffne die Augen, sei dankbar und atme tief durch.

**Schicht 4** Du gehst wieder einen Schritt nach vorn und betrittst die Ebene des **Körpers**. Mach dir ein Körperteil oder eine Region bewusst, die du besonders an dir magst. Sie kann groß, wie dein starkes Kreuz oder die langen Beine oder klein, wie deine leuchtenden Augen, die besondere Form deiner Hände oder Finger sein, auf der Kniescheibe oder hinter dem Ohrläppchen liegen – egal. Du findest mindestens ein Körperteil/eine Region, mit der du vollstens zufrieden bist und auf die Verlass ist, die frei von Schmerz ist etc. Nimm Kontakt auf, und wenn du die Verbindung spürst, öffne wieder deine Augen, atme tief durch und geh einen Schritt nach vorn.

**Schicht 5** Nun stehst du auf der Ebene deiner **Sinne**. Sehen, Hören, Schmecken, Riechen, Fühlen … du erinnerst dich. Welcher ist dein Lieblingssinn? Welcher Sinn ist bei dir vielleicht am ausgeprägtesten? Greifst Du, beispielsweise wenn du lernst, eher auf das Sehen oder das Hören zurück? Oder kommt jetzt der Lieblingsduft deiner Kindheit oder ein Kraftbild vom letzten Urlaub? Entscheide dich zunächst für einen Sinn, der dir Kraft gibt, sehr vertraut und lieb ist und nimm die zugehörige Erfahrung dazu? Nimm Verbindung zu diesem Sinn auf und würdige ihn. Wenn du magst, dann fahre fort – für einen bis vier weitere Sinne –, finde entsprechende Beispiele und mache dir die Sinneserfahrungen voll und ganz bewusst. Rufe dein Lieblingsbild auf, dein Lieblingsgericht, deinen Lieblingsduft, deine Lieblingshaltung im Raum. Tauche ein und hole dir die genauen Erinnerungen an deren Aspekte jetzt wieder hoch. Ankere sie in deinem Körper. Anschließend schreitest du zur nächsten Schicht und lässt dein Unbewusstes sich mit den anderen Sinnesebenen verbinden.

**Schicht 6** Hier kommt die Ebene der **Bedürfnisse**. Mache dich auf die Suche nach einem wichtigen Bedürfnis in dir und finde eine Bezeichnung und zugehörige Situation, wo du diesem für dich wichtigen Bedürfnis sehr nah an der Erfüllung warst und gute Energie spürbar war. Lasse dir ausreichend Zeit. Der Fokus kann vielleicht auch ein wenig pendeln und immer wieder zum Bedürfnis schwenken, wo eher ein Mangel liegt. Entscheide dich jetzt für die Fülle und die Situation und das Bedürfnis, das dir Kraft, Freude und Energie schenkt. Lass es in deinem Körper verströmen und sich sammeln an einem guten Ort, der für diese Bedürfniserfüllung und

Stärke steht. Nimm Verbindung zu der Stelle auf und lass das erfüllte Bedürfnis dort Platz nehmen. Freue dich und öffne die Augen.

**Schicht 7** Nun betrittst du die Ebene deiner **Gefühle, deine Herzenskräfte.** In deine Erinnerung kommt jetzt ein gutes Gefühl, das für dich mit Fähigkeit, Herzenskraft, Kompetenz, Glück oder Flow in Verbindung steht. Ein Gefühl, auf das du dich verlassen kannst, eine Erfahrung, die dich zum Fliegen gebracht hat, ein Gefühl des Verliebtseins oder der tiefen Liebe, ein Gefühl, das dich erreicht hat, als du eine schwierige Herausforderung überwunden hast, oder der Duft und die Leichtigkeit eines unbeschwerten Sommertages. Der Funke springt über. Lass die Situation mit dem guten Gefühl oder der guten, verlässlichen Gefühlserfahrung aufflammen und in einer Körperregion, die dich daran erinnert, ein kleines oder großes Energiefeuer entfachen. Spüre dem nach. Sei dankbar und atme tief ein und aus. Du kannst nun einen Schritt weiter gehen hin zum Kern, zur Mitte.

**Schicht 8** Du stehst im Zentrum deiner Schichten und Kreise der **Intuition und Spiritualität.** In dein Bewusstsein tritt jetzt eine intuitive, achtsame und/oder spirituelle Erfahrung. Vielleicht kommt sie in Form eines Gefühls, einer Körpersensation, einer Situation, eines Bildes, eines Wesens, einer Glaubenserfahrung oder in einer diffusen Qualität. Alles ist gut. Du spürst mehr und mehr die Verbindung zu deinem Lebenshauch … deiner Schutzkraft … einer deiner Schutzkräfte … vielleicht ist es eine besondere Kindheitserinnerung, eine Traumsequenz oder eine Person, die noch lebt oder schon tot ist. Oder es ist die Verbindung zu deiner Aufgabe, zu deinem Auftrag auf dieser Welt, vielleicht eine Vision. Es muss auch nichts Konkretes auftauchen. Es darf diffus bleiben. Auch hier ist in diesem Moment nur eine Qualität im Fokus. Der Kern, der Kreis, die Schicht enthält unendlich viele andere, weitere intuitive Kraftqualitäten. Nimm Verbindung zu einer Facette deiner Intuition, äußeren und inneren Weisheit auf. Lass sie in dir und um dich herum ausströmen. Genieße den Moment der Öffnung und des sich intensivierenden Kontakts.

**In deinem Kern** Im Kern angekommen machst du dir nochmals alle acht Schritte mit den zugehörigen Beispielen und Körpererfahrungen bewusst. Du spürst vielleicht jetzt noch intensiver, wie die Kreise und Schichten dich ummanteln, dich erden, dich schützen und mit Kraft und Energie beschenken. Vielleicht stellst du dir jetzt vor, wie diese Kreise und Schichten sich mit ihren Vertretern unendlich fortsetzen, auch über den Raum hinaus oder in der Dreidimensionaliät. Lass die guten Energien strömen, dich durchströmen, dich erden und beflügeln. Du bist verbunden, und die Kräfte stehen dir zur Verfügung. Sie vermehren und weiten sich ins Unendliche. Sie dehnen sich aus sowie das Universum, soweit man das weiß. Du streckst deine Arme aus, öffnest deine Sinne und dein Herz.

**Anhören** www.sacht-institut.de/ressourcendusche.html

Jetzt bist du dran. Lass dich von deiner Intuition, deiner Herzenskraft, deinen Ideen und Talenten beflügeln und betritt den bunten Wunderraum des Lebens. Es warten ein magisches Feuerwerk und inneres Leuchten auf dich.

*„Liebe ist alles“*

(Rosenstolz)

Vielleicht ziehst du an dieser Stelle nochmals Energiebilanz.

*„So shine on, just shine on*
*With your smile just*
*as bright as the sun.”*

(James Blunt)

Alles Liebe und viel Gelingendes wünscht
*Anett Renner*

# Dank und Nachwort

Ich danke zuerst dem Leben, denn es ist das Wundervollste, was es gibt, und die beste Therapie. Ich weiß, das Leben ist auch ein A…, habe es oft genug gedacht und erfahren und bin Gott sei Dank immer wieder aus schweren Krisen herausgekommen. Ich danke zutiefst der Liebe, die ich empfangen und weitergeben darf, meiner lieben Familie: meinem Mann Goetz, der mein Leben mit einem unersättlichen Interesse an Leben, Menschen, Themen und mit Vertrauen, Sinn, Schönem, Leichtem, Tiefe, Humor sowie Rückhalt bereichert hat, der mir unsere Kinder geschenkt hat und ein sicheres Zuhause. Danke an unsere Kinder, dass Ihr zu uns gekommen seid, ich alles durch Euch neu sehen, erleben durfte und unendlich bereichert und beschenkt worden bin, wofür es nicht ausreichend Worte gibt. Ich danke meinen lieben Eltern und Großeltern für die große Liebe, das Nest und die Flügel, die Unterstützung und die Resilienz, die Ihr mir gegeben habt. Ich danke dem Schicksal für die vielen Trainingseinheiten und meinem Körper und der Seele, das alles zu überstehen und meist kreativ zu wandeln. Ich hatte in den letzten Jahren sehr mächtige, zum Teil tieftraurige, persönliche und berufliche Themen zu stemmen, die mir für eine gewisse Zeit meine Gesundheit nahmen und fast meine Hoffnung. Das Sein in der Natur und mit meinem Hund Mo, die Kunst vergangener Epochen oder die sanfte Musik, vor allem aus der Trompete, verband mich oft wieder mit den positiven Schwingungen des Lebens. Danke.

Ich danke meinen lieben Freunden für die vielen schönen Freuden, das miteinander reden, zuhören und schwingen, für die Verbindungen und die Unterstützung. Ein großes Dankeschön an das Team des Verlags Edition Integrativ, dass Ihr an das Projekt geglaubt habt und es so emsig, kreativ und professionell umgesetzt habt.

Ein herzliches Dankeschön an all meine Klienten und Seminarteilnehmende, meinen Mentoren und Unterstützern für ihr Vertrauen und die Wertschätzung. Danke dir, dass du das Buch in der Hand hältst und es nutzt.

# Die Autorin

*Dipl. Psych. Anett Renner*

ist Systemische Einzel-, Paar- und Familientherapeutin, Coach, Supervisorin, Trauma- und Körpertherapeutin und lehrend auf diesen Gebieten. Sie ist Gründerin und Leiterin des SACHT-Instituts (www.sacht-institut.de), der psychologischen Fachpraxis DieSCHÖPFEREI (www.dieschoepferei.de) und Erfinderin des Konzepts der Systemischen Achtsamkeit SACHT® / Systemischen Ressourcen-Managements© (SRM). Anett Renner liebt das Leben, die Menschlichkeit, das Kreative an Symptomen und die Herzensarbeit. Sie verfolgt einen ganzheitlichen und ressourcenvollen Blick. Sie berät seit vielen Jahren Menschen zu Motivations-, Führungs-, Emotions-, Konflikt- und Gesundheitsfragen und hat zahlreiche Publikationen verfasst.